少林秘传绝技丛书

少林点穴绝技

邓方华　编著

人民体育出版社

图书在版编目（CIP）数据

少林点穴绝技 / 邓方华编著. -- 北京：人民体育出版社, 2019 (2023.3重印)
（少林秘传绝技丛书）
ISBN 978-7-5009-5480-4

Ⅰ.①少… Ⅱ.①邓… Ⅲ.①点穴－中国 Ⅳ.①G852.4

中国国家版本馆CIP数据核字(2023)第021788号

*
人民体育出版社出版发行
三河兴达印务有限公司印刷
新 华 书 店 经 销
*
880×1230　32开本　8.75印张　200千字
2019年3月第1版　2023年3月第2次印刷
印数：4,001—5,500册
*
ISBN 978-7-5009-5480-4
定价：35.00元

社址：北京市东城区体育馆路8号（天坛公园东门）
电话：67151482（发行部）　　邮编：100061
传真：67151483　　　　　　　邮购：67118491
网址：www.psphpress.com
（购买本社图书，如遇有缺损页可与邮购部联系）

丛书插图制作

（排名不分先后）

邓方华　　高　翔　　凌　召
潘祝超　　谢静超　　赵爱民
黄守献　　王松峰　　李贡群
高　绅　　黄冠杰　　黄婷婷

总　序

2017年1月25日，中共中央办公厅、国务院办公厅印发了《关于实施中华优秀传统文化传承发展工程的意见》（以下简称《意见》），并发出通知，要求各地区各部门结合实际认真贯彻落实，体现了党和政府对中华优秀传统文化的重视。

在国民教育方面，《意见》提出：加强中华优秀传统文化相关学科建设，重视保护和发展具有重要文化价值和传承意义的"绝学"、冷门学科。在保护传承文化遗产方面，《意见》提出：推动民族传统体育项目的整理研究和保护传承。

中华武术有着几千年发展的历史，是中华民族在社会实践中创造的宝贵财富，是中华文化的重要组成部分。少林武术作为中华传统武术的优秀代表，其秘传绝技与武学秘籍一直是武术爱好者竞相学习和研究的对象。目前在国家的重视下，少林武术发展形势良好，但也存在可供学习的少林武术书籍相对较少的问题，因此，需要对少林武术的相关技艺进行整理出版，使中华武术进一步发扬光大。

《少林秘传绝技丛书》应运而生。本系列丛书依据"健康第一"的教育理念和"便于传承与发展"的要求，邀请有关专家参与编写，披露了少林武术的多种秘法绝艺。先期出版的有《少林点穴绝技》《少林擒拿绝技》《少林擒跌绝技》《少林短打绝技》《少林腿法绝技》《少林古传擒拿与点穴》《少林古传技击术》《少林八段锦古传秘功》《少林易筋经古传秘功》9本，后续还会出版相关系列图书。这套丛书既可作为武术爱好者学习研究的参考用书，也可作为各级各类武术教员的教学用书。

本系列丛书注重图文并茂，避免抽象化和纯理论化，意在提高现代武术爱好者的学习兴趣；立足于理论联系实际，突出学以致用要则；力求简洁明晰，便于阅读，便于练习。当然，不足之处在所难免，欢迎读者批评指正，以利今后进一步充实与完善。

内容提要

1. 灵空禅师点穴术，据传由清代五台山高僧——灵空上人所创，共三十四势，技法精妙，自成体系。根据技击效果，其点打的穴道分为三十六死穴、七十二麻穴。

2.玄机秘授点穴术,源于少林寺明代高僧玄机和尚,共十八势。玄机之武功传承主要有《拳经拳法备要》《张氏短打》《玄机秘授穴道》三部,曾被少林寺藏经阁收藏,被武林中人奉为枕中秘宝。

3.达摩十二点穴手,乃少林达摩派秘技之一。其招法共十二势,专打人体十二大穴,一旦练熟,可变化无穷。

4. 少林罗汉门，为少林派一大主流。其点穴乃为罗汉拳融入"少林铜人穴谱"演化而成，罗汉点穴十八手是此派绝技。

5. 少林金刚拳，据传源自少林著名武僧——僧稠禅师。金刚拳的技击术，包含很多点穴招法。金刚十二点穴手，共十二势，以"金刚指"发劲，可一招制敌。

6. 少林韦陀门，乃少林正宗。此门技法全面，其穴道点打术也独具特色。韦陀打穴十二手，共十二势，手法刚猛，点打相兼。

目 录

第一章 灵空禅师点穴术（三十四势）/ 2

　　一、猛狮滚球（巨阙穴）/ 6

　　二、拨草寻蛇（气海穴）/ 8

　　三、神龙转身（志堂穴）/ 10

　　四、童子献蹄（后海底穴）/ 12

　　五、金鸡独立（关元穴）/ 14

　　六、神龙缩骨（幽门穴）/ 16

　　七、老猿望月（腹结穴）/ 18

　　八、倒插杨柳（命门穴）/ 20

九、五法旋转（肾门穴）/ 22
十、云龙探爪（印堂穴）/ 24
十一、金鸡锁喉（结喉穴）/ 26
十二、带马归槽（天突穴）/ 28
十三、二姑拿茧（璇玑穴）/ 30
十四、猛虎奔坡（华盖穴）/ 32
十五、狮子滚球（乳根穴）/ 34
十六、老猿挂印（期门穴）/ 36
十七、猛虎出林（膺窗穴）/ 38

十八、离卦牛象（章门穴）/ 40
十九、天王托塔（渊液穴）/ 42
二十、双龙伏蛟（哑门穴）/ 44
二十一、狮子翻身（脑户穴）/ 46
二十二、双峰贯耳（太阳、太阴穴）/ 48
二十三、犀牛望月（藏血穴）/ 50
二十四、单坐莲花（灵台穴）/ 52
二十五、直进平阳（眉心穴）/ 54

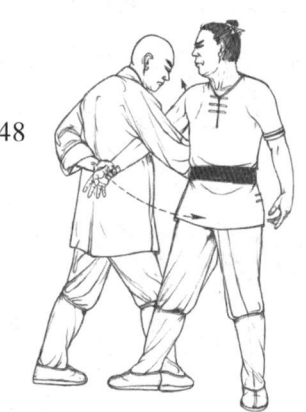

二十六、双星坠地（气海俞穴）/ 56
二十七、连掌穿杨（鸠尾穴）/ 58
二十八、左右迎马（商曲穴）/ 60
二十九、扣弹斩剑（分水穴）/ 63
三十、月里藏花（中极穴）/ 65
三十一、进步撩阴（会阴穴）/ 67
三十二、力劈华山（百会穴）/ 69
三十三、白鹤踏雪（鹤口穴）/ 71
三十四、五法飞云（攒心穴）/ 73

第二章　玄机秘授点穴术（十八势）/ 76

一、窝里炮（太阳穴）/ 80
二、还勾手（百会穴）/ 82
三、满堂红（人中穴）/ 84
四、五横手（期门穴）/ 87
五、缠赶手（膻中穴）/ 91
六、六平手（璇玑穴）/ 94
七、硬崩手（耳门穴）/ 98
八、两便千（廉泉穴）/ 101
九、挽拜手（鸠尾穴）/ 103
十、双缠手（巨阙穴）/ 107

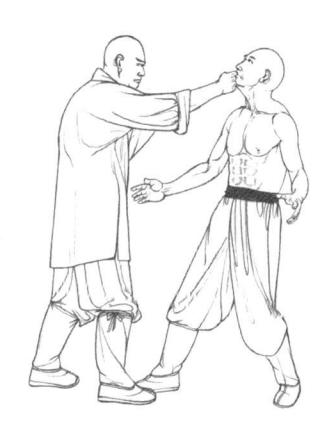

十一、勾扳手（乳根穴）/110

十二、元光手（耳根穴）/113

十三、披擅手（天突穴）/115

十四、拳勾手（章门穴）/118

十五、撩阴打海（气海穴）/120

十六、隔肚穿线（命门穴）/123

十七、双插花（头窍阴穴）/125

十八、叶里藏花（玉枕穴）/127

第三章　达摩十二点穴手（十二势）/130

一、达摩点灯（太阳穴）/133

二、虎爪抓心（锁心穴）/135

三、童子挖耳（洪堂穴）/137

四、二龙抢珠（井池穴）/139

五、金锁封喉（痰宁穴）/141

六、达摩敬香（气管穴）/143

七、一指点心（捉命穴）/ 145

八、罗汉搭衣（肺苗穴）/ 147

九、达摩拔剑（锁腰穴）/ 150

十、伏虎撩阴（肚筋穴）/ 152

十一、达摩插剑（吊筋穴）/ 154

十二、童子拜佛（挖心穴）/ 156

第四章　罗汉点穴十八手（十八势）/ 158

一、金钩挂环（脑户穴）/ 162

二、返身戳掌（关元穴）/ 164

三、顺水推舟（廉泉穴）/ 167

四、回身削肋（章门穴）/ 169

五、白鹤亮翅（膻中穴）/ 171

六、马步横肘（鸠尾穴）/ 173

七、抽身点肋（期门穴）/ 175

八、联珠似箭（膺窗穴）/ 177

九、偷步摇山（中极穴）/ 180

十、顺手牵羊（极泉穴）/ 182

十一、拧身双击（腹结穴）/ 184

十二、滚臂盖帽（风池穴）/ 186

十三、双峰贯耳（听宫穴）/ 188

十四、卧心撒膀（太阳穴）/ 190

十五、扇掌砸脊（灵台穴）/ 192

十六、金鸡食米（神阙穴）/ 194

十七、罗汉幻影（命门穴）/ 196

十八、绕山捶（脑空穴）/ 198

第五章　金刚十二点穴手（十二势）/ 200

一、叼截攻打（太阳穴）/ 204

二、回身挑打（印堂穴）/ 206

三、缠手掐脖（天突穴）/ 208

四、闷心捶（膻中穴）/ 210

五、怀揣日月（鸠尾穴）/ 212

六、青龙探爪（气海穴）/ 214

七、金龙献爪（期门穴）/ 216

八、顺势捶（章门穴）/ 218

九、撞脚劈掌（玉枕穴）/ 220

十、御步连环（身柱穴）/ 222

十一、龙腾虎跃（灵台穴）/ 225

十二、连环五掌（命门穴）/ 227

第六章　韦陀打穴十二手（十二势）/ 230

一、韦陀横杵（耳门穴）/ 234

二、韦陀降魔（人中穴）/ 236

三、韦陀敬酒（咽喉穴）/ 238

四、挥杵敲门（膻中穴）/ 240

五、挥杵引渡（神阙穴）/ 242

六、叶中藏花（曲骨穴）/ 244

七、白蛇吐信（期门穴）/ 246

八、韦陀取宝（章门穴）/ 248

九、韦陀挥杵（哑门穴）/ 250

十、巧看卧云（灵台穴）/ 252

十一、败中取胜（命门穴）/ 254

十二、封裆捶（海底穴）/ 256

第一章

灵空禅师点穴术（三十四势）

灵空禅师点穴术，据传由清代五台山高僧灵空上人所创，共三十四势，技法精妙，自成体系。

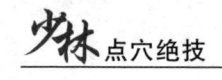

根据技击效果，其点打的穴道分为三十六死穴、七十二麻穴，今采其绝招而析之。

穴位图。（图1-1、图1-2）

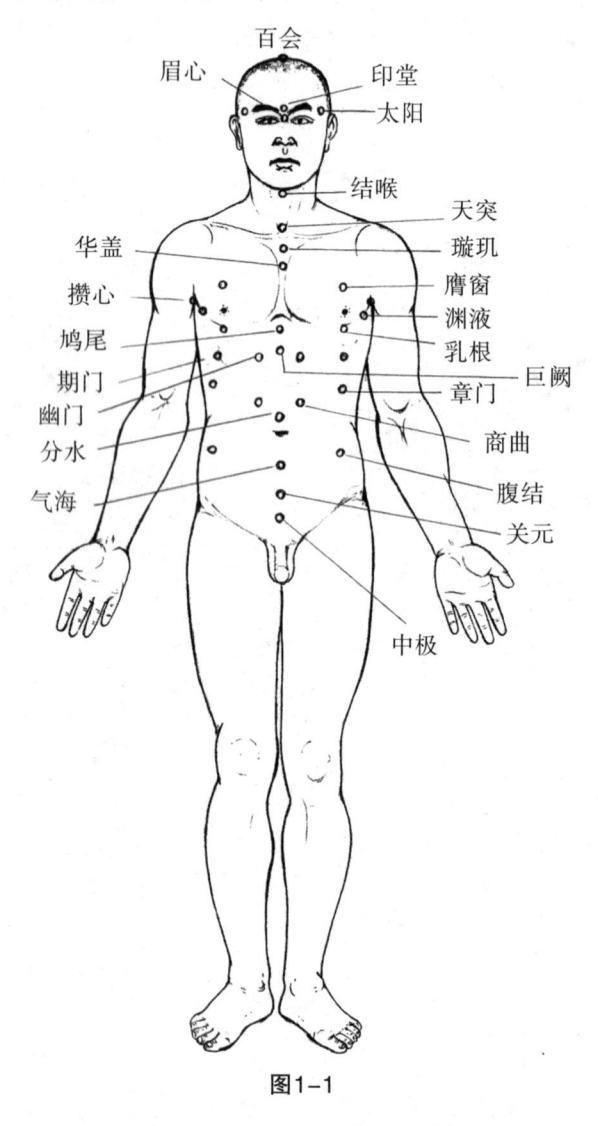

图1-1

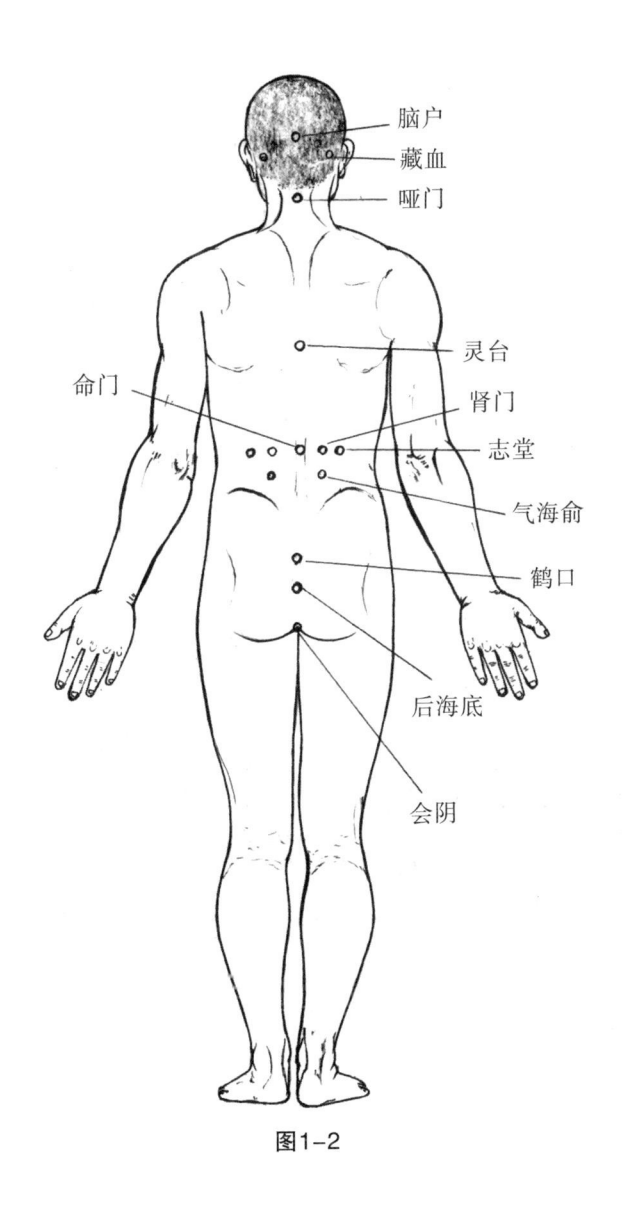

第一章 灵空禅师点穴术（三十四势）

脑户
藏血
哑门

灵台
命门
肾门
志堂
气海俞
鹤口
后海底
会阴

图1-2

一、猛狮滚球（巨阙穴）

【用法】

1. 敌方左脚移步，右脚向前跨步进身，右拳击打我方面部。我方后滑步，避敌锋芒，沉身下坐成左虚步，同时，左掌上挑，格敌右前臂内侧。（图1-3）

图1-3

2. 随即，我方右脚上前跨上一步，踏入敌洪门；同时，左掌贴着敌右臂内侧向前推出，作扑面之势，右手剑指紧跟穿出，戳击敌胃脘部之巨阙穴。（图1-4）

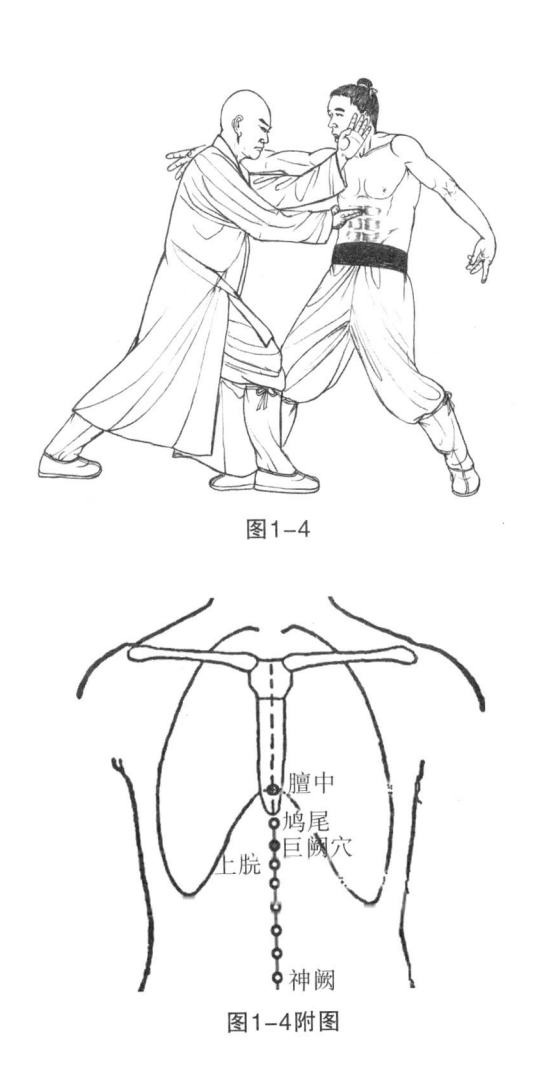

图1-4

图1-4附图

【穴位】

巨阙穴，位于上腹部，前正中线上，在鸠尾下1寸。此穴为任脉上的主要穴道之一。巨，大；阙，宫门。穴居中线而近心脏，为神气通行之处，犹如心君居所之宫门，心之幕也。又谓之返魂穴，被点重者昏迷而人事不省。

二、拨草寻蛇（气海穴）

【用法】

1. 敌方左脚向前一步之际，右弹腿踢击我方腹部。我方后滑步避让之际，右旋身，屈膝沉身下坐成左虚步；同时，左掌下划外拦敌右脚踝关节内侧，阻截敌腿攻击。（图1-5）

图1-5

2. 动作不停，我方左掌黏住敌右脚向外化劲，左脚前移；同时，右手剑指穿出，戳击敌小腹气海穴。（图1-6）

图1-6

图1-6附图

【穴位】

气海穴，属任脉。位于下腹部，前正中线上，当脐中下1.5寸，为男子生精之所。在腹白线上，深部为小肠；有腹壁浅动脉、静脉分支，腹壁下动、静脉分支；布有第11肋间神经前皮支的内侧支。

三、神龙转身（志堂穴）

【用法】

1. 敌方左脚前移，右脚跨上一步，右拳击打我方面部。我方后滑半步，左脚内收，屈膝蹲成左虚步；同时，右掌上提，用掌背格挑敌右前臂近肘部外侧，将敌攻击化开。（图1-7）

图1-7

2．接着，我方右掌背贴住敌右臂向外、向下化劲；同时，右脚向敌右大腿后侧上进一步，上体右转成倒插步于敌方身体右后侧。（图1-8）

3．动作不停，左手剑指点击敌腰左侧志堂穴。（图1-9）

图1-8

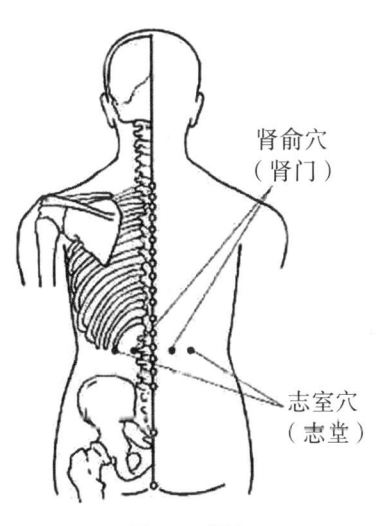

图1-9

肾俞穴
（肾门）

志室穴
（志堂）

图1-9附图

【穴位】

志堂穴，即志室穴。志室穴是足太阳膀胱经的常用腧穴之一，位于第2腰椎棘突下，旁开3寸，有背阔肌、髂肋肌，有第2、第3腰动、静脉背侧支；布有第2、第3腰神经外侧支。

四、童子献蹄（后海底穴）

【用法】

1. 敌方右脚抢步冲上，右拳击打我方面部。我方见敌势猛，迅疾向左闪身绕步于敌方右侧身后，成左倒插步，右回身。（图1-10）

图1-10

2. 动作不停，右回身面对敌方后背之际，右转体，左脚尖踢击敌臀骨尾梢下后之海底穴。（图1-11）

图1-11

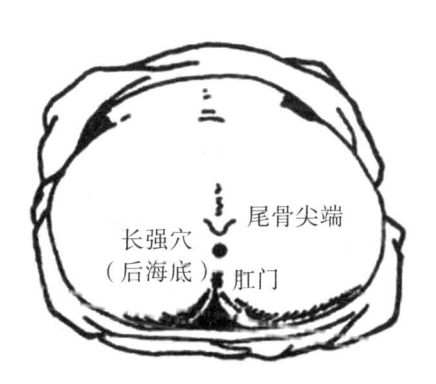

图1-11附图

【穴位】

后海底穴，在臀骨尾梢（名督脉穴），骨梢下2分，为海底穴。其实就是"长强穴"。长强穴是位于尾骨端与肛门之间的一个穴道，又名尾间穴。

五、金鸡独立（关元穴）

【用法】

1. 敌方左脚前移步，右脚跨进一步，右拳击打我方面部。我方迅疾收左步，沉身下坐成左虚步，避过敌拳锋芒之际，左掌上提，用掌背格敌肘内侧。（图1-12）

图1-12

2. 随之，敌方出左拳击打我方面部。我方迅疾上提右拳，用右前臂挑格住敌左前臂内侧；同时，右腿屈膝上提，脚尖弹击敌小腹关元穴。（图1-13）

图1-13

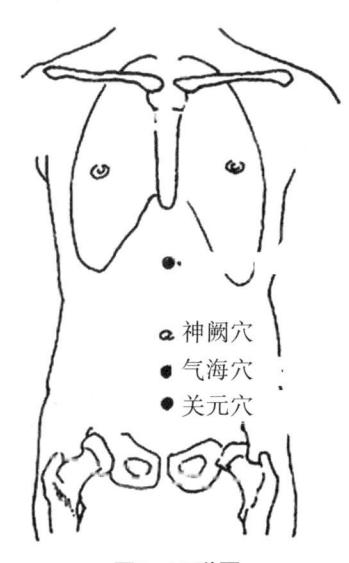

神阙穴
气海穴
关元穴

图1-13附图

【穴位】

关元穴是任脉的穴位。其位于脐下3寸处，为男子藏精之所。

六、神龙缩骨（幽门穴）

【用法】

1. 敌方右脚上步进身，右拳击打我方面部。我方左脚向后撤退一步，上体左偏，同时，右掌向前上挑，用右前臂外侧拦格敌右前臂外侧，阻截敌拳攻击。（图1-14）

图1-14

2. 动作不停，我方左臂向前上架格敌右上臂内侧，向左外化劲之际，左脚向前上步于敌右脚内侧，同时，右手下旋成剑指，点击敌腹右侧幽门穴。（图1-15）

图1-15

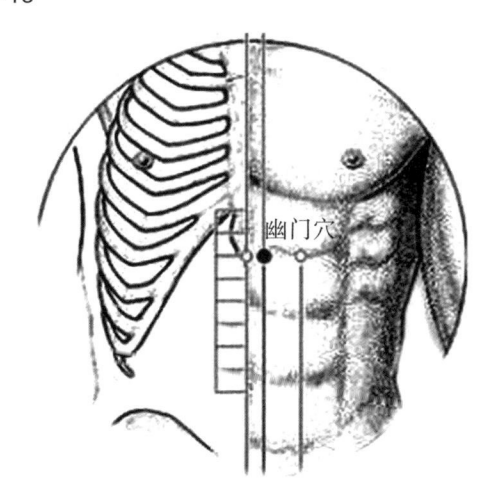

幽门穴

图1-15附图

【穴位】

幽门穴是足少阴肾经腧穴之一，位于脐中上6寸，前正中线旁开0.5寸，在腹直肌内缘；布有腹壁上动、静脉；有第6、7、8肋间神经分布。

七、老猿望月（腹结穴）

【用法】

1. 敌方左脚前移步，右脚向前跨步进身，左拳击打我方面部。我方迅疾向后滑退半步，屈膝沉身成左虚步；同时，左掌上挑，用掌背向外格拍敌左肘关节外侧，将其拳击化解。（图1-16）

图1-16

第一章 灵空禅师点穴术（三十四势）

2．接着，我方左脚向前一步，落于敌方右脚跟内侧；同时，右旋体沉身，左手剑指向下点戳敌方左腹侧腹结穴。（图1-17）

图1-17

3．动作不停，左旋身，右手剑指点插敌右腹侧腹结穴。（图1-18）

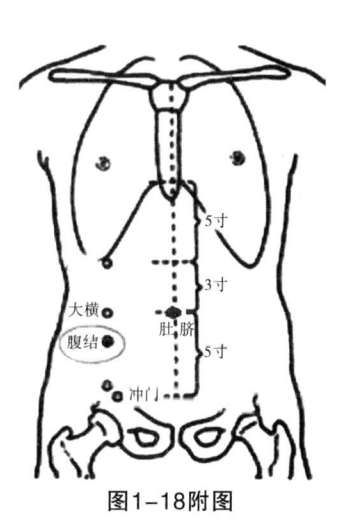

图1-18

图1-18附图

19

【穴位】

腹结穴，属足太阴脾经。在下腹部，大横下1.3寸，距前正中线4寸。在腹内、外斜肌及腹横肌肌部；有第11肋间动、静脉；布有第11肋间神经。

八、倒插杨柳（命门穴）

【用法】

1. 敌方左滑步进身，双拳相并，冲击我方面部。我方迅疾向后滑半步，以避敌拳锋芒，上体左旋，两掌上提护头，以两掌棱旋格敌左肘外侧。（图1-19）

图1-19

2. 我方猛向左侧化劲之际，左脚向敌左脚外侧后跨上一步，右脚紧随向前跨出一大步，上体左转至敌方身后。趁敌前扑之际，右手剑指戳击敌腰命门穴。（图1-20）

图1-20

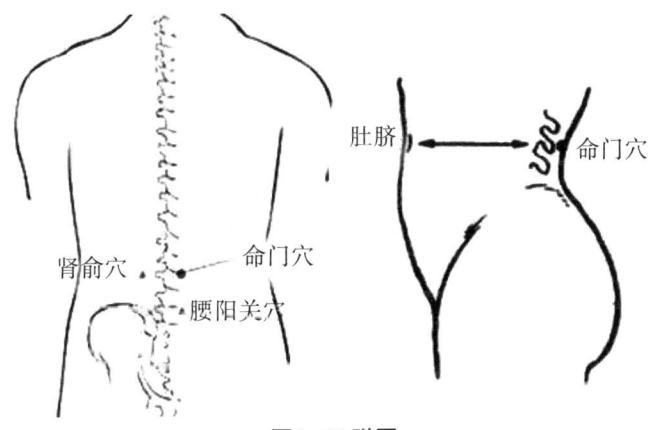

图1-20附图

【穴位】

命门穴，属督脉。穴位于腰部，当后正中线上，第2腰椎棘突下凹陷中，在腰背筋膜、棘上韧带及棘间韧带中，有腰动脉后支及棘间皮下静脉丛，布有腰神经后支内侧支。

九、五法旋转（肾门穴）

【用法】

1. 敌方右垫步进身，左弹腿踢击我方腹部。我方左脚向后撤退一步，避敌腿锋芒之际，身向右略闪，左小臂外侧向左外格敌左小腿外侧，阻截敌腿攻击。（图1-21）

图1-21

2. 动作不停,我方左臂贴住敌左小腿向前旋,兜挎敌左膝弯上提,同时,左脚向前上跨进一步,逼敌右转身前仆之际,右掌前伸成爪状抓向敌腰部右侧,拇指扣住敌腰肾门穴,发力渗透,将敌推出。(图1-22)

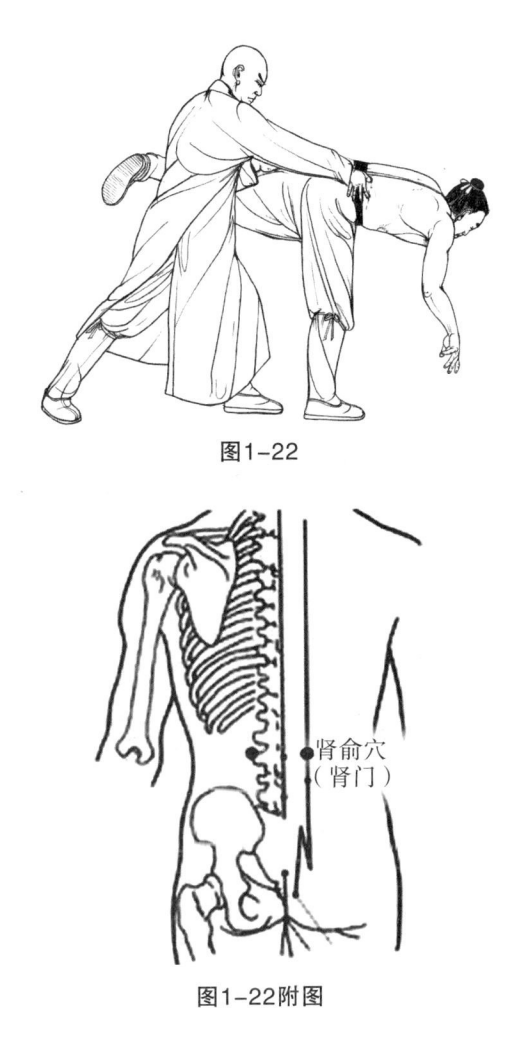

图1-22

肾俞穴
(肾门)

图1-22附图

【穴位】

肾门穴，即肾俞穴，属足太阳膀胱经。位于腰部，当第2腰椎棘突下，旁开1.5寸。在腰背筋膜，最长肌和髂肋肌之间；有第2腰动、静脉后支；布有第1腰神经后支的外侧支，深层为第1腰丛。重击后，冲击肾脏，伤气机，易截瘫。

十、云龙探爪（印堂穴）

【用法】

1. 敌方左脚前移步，右脚向前方跨上一步，右拳击打我方面部。我方后滑步沉身成左虚步，避过敌拳锋芒之际，左掌上抡，以掌棱格敌右前臂外侧，阻截敌拳攻击。（图1-23）

图1-23

第一章　灵空禅师点穴术（三十四势）

2. 动作不停，我方左脚前移步，左掌贴住敌右前臂向内旋压使之垂落之际，右掌前按，以中指尖为力点，点戳敌面印堂穴。（图1-24）

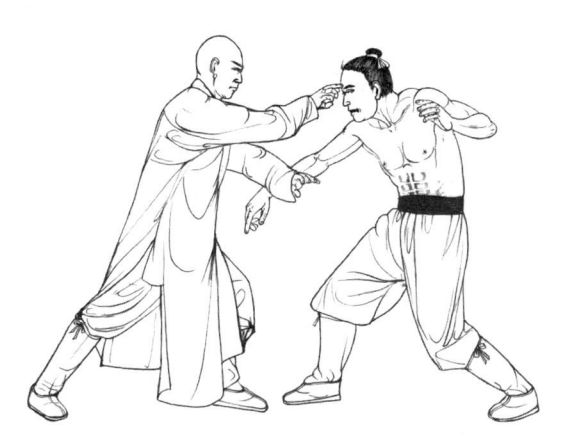

图1-24

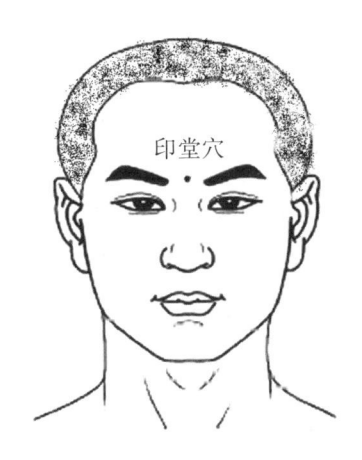

图1-24附图

【穴位】

印堂穴，属督脉。位于人体的面部，两眉头连线中点。穴下有皮肤、皮下组织和降眉间肌。皮肤有额神经的滑车上神经分布。肌肉由面神经的颞支支配，血液供应来自滑车上动脉和眶上动脉的分支及伴行同名静脉。

十一、金鸡锁喉（结喉穴）

【用法】

1. 敌方左脚前移步，右脚向前跨步进身，右拳反背劈击我方头面部。我方迅疾后滑步避过敌拳锋芒之际，左掌上起拍敌右前臂外侧。（图1-25）

图1-25

第一章　灵空禅师点穴术（三十四势）

2. 动作不停，我方左掌贴住敌右前臂向右下压，随即，右脚跨上一步，踏入敌方洪门，同时，右手剑指穿击敌咽结喉穴。（图1-26）

图1-26

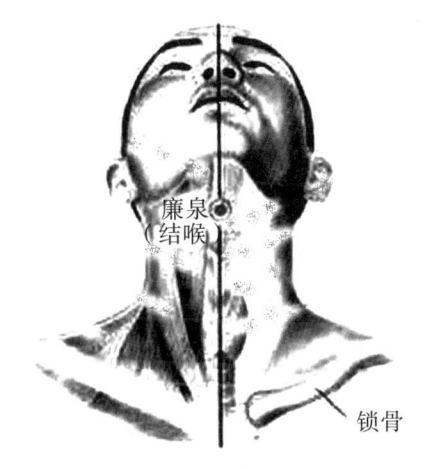

图1-26附图

27

【穴位】

结喉穴，即廉泉穴，是任脉、阴维脉交会穴。位于人体的颈部，当前正中线上，结喉上方，舌骨上缘凹陷处。在颈部正中线与喉结正上方横皱纹交叉处。在甲状软骨和舌骨之间，深部为会厌，下方为喉门，有甲状舌骨肌、舌肌；有颈前浅静脉、甲状腺上动、静脉；布有颈皮神经，深层有舌下神经分支。

十二、带马归槽（天突穴）

【用法】

1. 敌方左脚前移步，右弹腿踢击我方小腹部。我方迅疾向后滑步，避过敌脚锋芒之际，沉身下坐成左半马步；同时，左掌下按敌右脚背。（图1-27）

图1-27

2. 动作不停，我方右脚迅疾向前跨上一步，踏进敌方洪门；同时，右手仰掌前穿，戳击敌颈天突穴。（图1-28）

图1-28

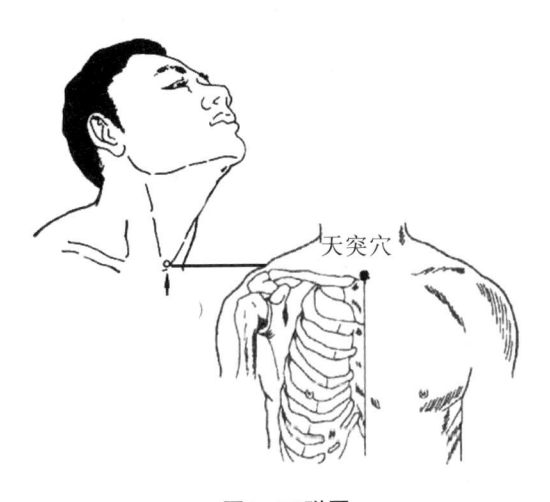

图1-28附图

【穴位】

天突穴，为任脉、阴维脉交会穴。位于颈部，当前正中线上胸骨上窝中央。在左右胸锁乳突肌之间，深层左右为胸骨舌骨肌和胸骨甲状肌；皮下有颈静脉弓、甲状腺下动脉分支；深部为气管，再向下，在胸骨柄后方为无名静脉及主动脉弓；布有锁骨上神经前支。

十三、二姑拿茧（璇玑穴）

【用法】

1. 敌方滑步进身，左拳击打我方胸部。我方左脚向后撤一大步，左转身避过敌拳锋芒；同时，屈膝沉身下坐成右半马步，右掌上挑，掌背格敌左腕内侧。（图1-29）

图1-29

2. 动作不停，我方右掌猛然向外弹劲，震开敌左拳之际，左脚跨上一步，踏入敌方洪门；同时，左手剑指前插，戳击敌胸前璇玑穴。（图1-30）

图1-30

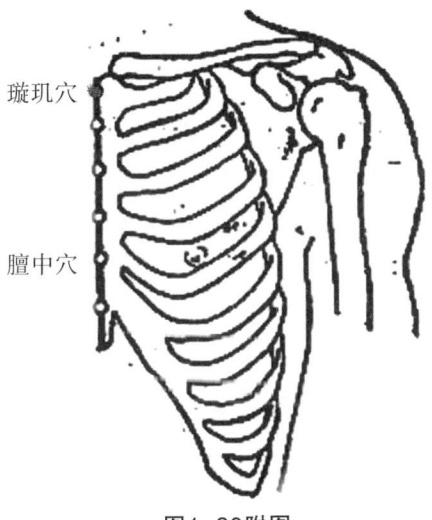

璇玑穴

膻中穴

图1-30附图

【穴位】

璇玑穴，属任脉。在胸部，当前正中线上，胸骨上窝中央下1寸。穴下为皮肤、皮下组织、胸大肌起始腱、胸骨柄。主要布有锁骨上内侧神经和胸廓内动、静脉的穿支。

十四、猛虎奔坡（华盖穴）

【用法】

1. 敌方左脚前移步之际，右脚跨上一大步，右拳击打我方面部。我方迅疾后滑步避过敌拳锋芒之际，沉身下坐成左虚步；同时，左掌棱向前上外拦敌右前臂。（图1-31）

图1-31

第一章 灵空禅师点穴术(三十四势)

2. 动作不停，我方左掌贴住敌右臂向前推，右脚跨上踏入敌方洪门，右手凤眼捶击敌胸前华盖穴。（图1-32）

图1-32

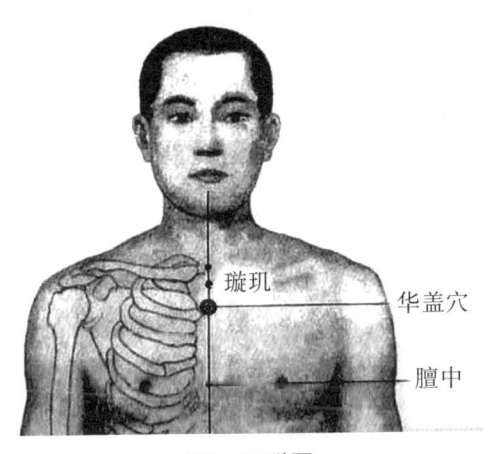

图1-32附图

【穴位】

华盖穴，属任脉。在胸部，当前正中线上，平第1肋间。在胸骨角上；有胸廓（乳房）内动、静脉的前穿支；布有第1肋间神经前皮支的内侧支。

十五、狮子滚球（乳根穴）

【用法】

1. 敌方左脚前进步，提起右脚向我方胸部蹬踢。我方迅疾撤退左脚一步，吞身成右虚步，两臂张开，左上右下成抱球状，避过敌脚锋芒。（图1-33）

图1-33

第一章 灵空禅师点穴术（三十四势）

2．随之，我方趁敌蹬力略过之际，左脚跨上一步，踏入敌方洪门，两掌抱向敌面部。右掌近敌胸前之际，陡然变剑指，点插敌右胸乳根穴。（图1-34）

3．动作不停，趁敌方受击退身，我方右脚抢上一步，右掌按向敌方左肩，左手剑指点击敌左侧乳根穴。（图1-35）

图1-34

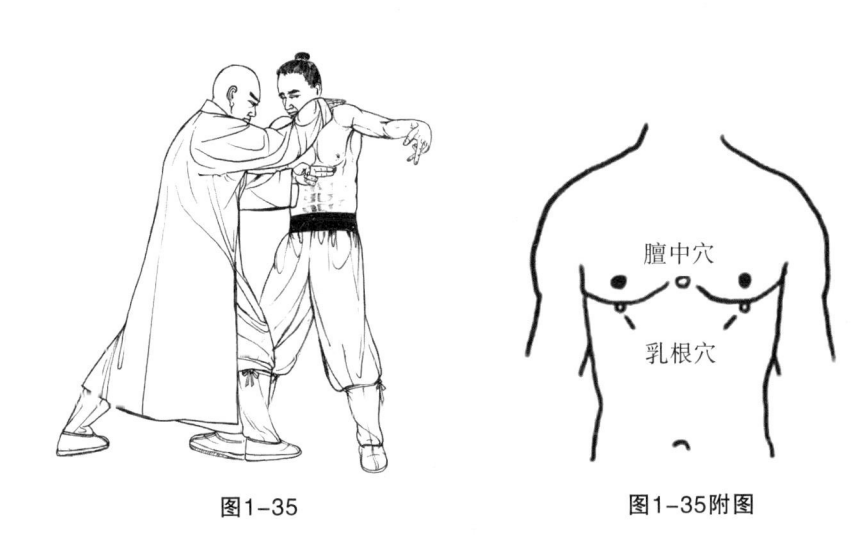

图1-35

膻中穴

乳根穴

图1-35附图

35

【穴位】

乳根穴，属足阳明胃经。位置在乳头直下，乳房根部，当第5肋间隙，距前正中线4寸。位于第五肋间隙，胸大肌下部，深层有肋间内、外肌；有肋间动脉、胸壁浅静脉；有第5肋间神经外侧皮支，深层为肋间神经干。左侧内为心脏。击中后，冲击心脏，休克易亡。

十六、老猿挂印（期门穴）

【用法】

1. 敌方左脚前移步，右脚跨步进身，右拳击打我方面部。我方迅即向后滑步，沉身避敌拳锋芒之际，左掌上起，掌背格挑敌右肘内侧，将敌拳向外化开。（图1-36）

图1-36

第一章 灵空禅师点穴术（三十四势）

2. 动作不停，左脚上步于敌方右脚后外侧；同时，左掌贴住敌臂向前推移至其右肩前，右手剑指点击敌右胁期门穴。（图1-37）

图1-37

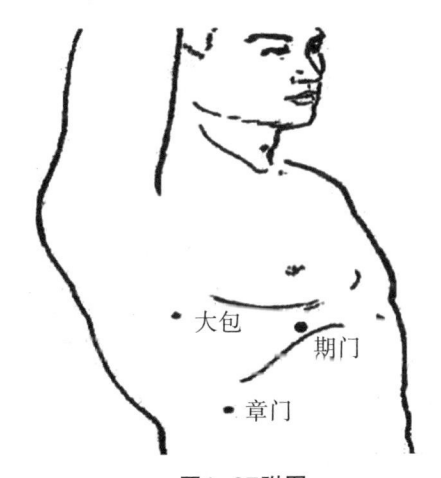

图1-37附图

【穴位】

期门穴，属肝经，亦为肝经募穴。位于胸部，当乳头直下，第6肋间隙，前正中线旁开4寸。有腹直肌、肋间肌；有肋间动、静脉；布有第6、7肋间神经。

十七、猛虎出林（膺窗穴）

【用法】

1. 敌方左脚前移步之际，右脚踏入我方洪门，两拳猛然使双峰贯耳攻击我方头部。我方迅疾向后撤退左脚一步；同时，两掌上挑，格敌两前臂内侧，化解敌贯耳之险。（图1-38）

图1-38

2. 动作不停，我方两掌猛然向外抖劲弹击敌双臂，同时，右脚前移步，两掌屈指成虎爪，用掌指基节骨突为力点，前撞敌胸左右膺窗穴。（图1-39）

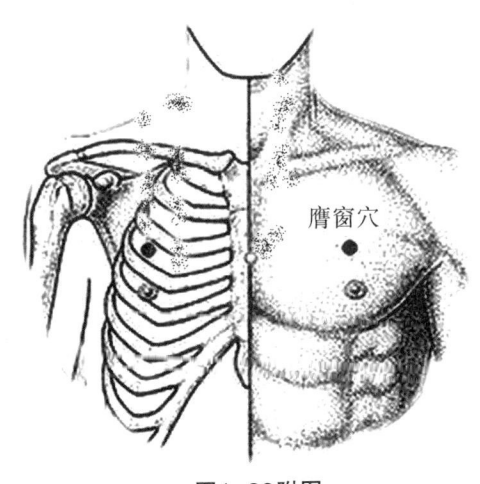

图1-39

膺窗穴

图1-39附图

【穴位】

　　膺窗穴，属足阳明胃经。在胸部，当第3肋间隙，距前正中线4寸，布有胸前神经分支及胸外侧动、静脉。

十八、离卦牛象（章门穴）

【用法】

　　1. 敌方右脚上步进身，右拳击打我方面部。我方迅疾将左脚向后撤退一步，左偏身，右臂屈肘上架敌右臂外侧，并向外格化；同时，左凤眼捶勾击敌右肋章门穴。（图1-40）

图1-40

2．动作不停，右臂猛然外翻将敌右臂弹开，左臂屈肘向前上推罩敌面部；同时，右手凤眼捶勾击敌左肋章门穴。（图1-41）

图1-41

图1-41附图

【穴位】

章门穴，属于足厥阴肝经。在腋中线，第1浮肋前端，屈肘合腋时肘尖正对的地方就是。章门穴，别名长平、季肋。有腹内、外斜肌及腹横肌；有肋间动脉末支；布有第10、11肋间神经；右侧当肝脏下缘，左侧当脾脏下缘。

十九、天王托塔（渊液穴）

【用法】

1. 敌方左脚前移步，右脚向前跨上一步，右拳击打我方面部。我方迅疾撤退左脚一步，右掌向前拍格敌右肘内侧，将敌拳化解。（图1-42）

图1-42

2. 动作不停，我方右掌旋劲上托敌右臂；同时，左手剑指点击敌右腋下渊液穴。（图1-43）

图1-43

图1-43附图

渊液穴

43

【穴位】

渊液穴，属足少阳胆经。在侧胸部，举臂，当腋中线上，腋下3寸，第4肋间隙中。有前锯肌，肋间内、外肌；深层布有第3、4、5肋间神经外侧皮支，胸长神经和胸外侧动、静脉；深层有第4肋间神经和第4肋间后动、静脉。

二十、双龙伏蛟（哑门穴）

【用法】

1. 敌方滑步进身，左拳击打我方胸部。我方上身右闪，左手拍敌左肘部外侧；同时，左脚收膝踏上敌左脚跟后外侧。随即左旋身，左手抓敌臂向左后下牵带，使敌向我方左后侧倾扑。（图1-44）

图1-44

第一章 灵空禅师点穴术（三十四势）

2. 动作不停，我方右脚上进一步，左转身于敌身后，左手放开敌臂，右手剑指点击敌脑后哑门穴。（图1-45）

图1-45

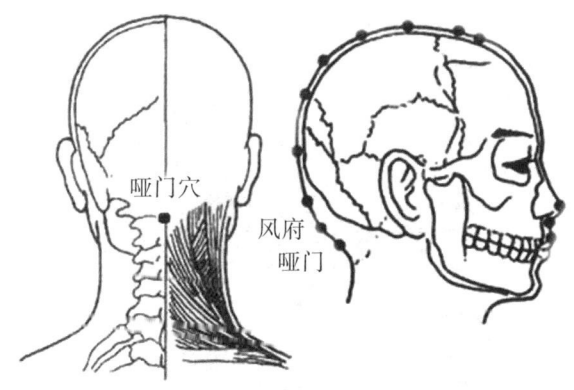

图1-45附图

【穴位】

哑门穴，为督脉与阳维脉之会穴。位于项部，当后发际正中直上0.5寸，第1颈椎下。在项韧带和项肌中，深部为弓间韧带和脊髓；有枕动、静脉分支及棘间静脉丛；布有第3颈神经和枕大神经支。被点中后，冲击延髓中枢，失哑、头晕、倒地不省人事。

二十一、狮子翻身（脑户穴）

【用法】

1. 敌方左脚前移步之际，右脚弹踢我方小腹部。我方迅疾将右脚向右后撤步，旋转身避敌腿锋芒；同时，两掌顺势牵带敌右腿，左掌按住敌右膝，使敌向我右侧后倾扑。（图1-46）

图1-46

2. 动作不停，我方右脚经左脚后侧插步，上体右转身，双手剑指点击敌脑后之脑户穴。（图1-47）

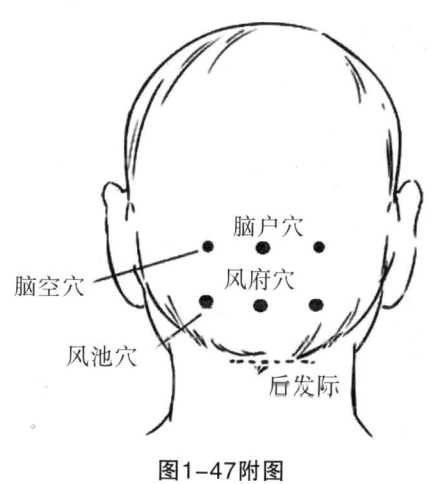

图1-47

图1-47附图

47

【穴位】

脑户穴，督脉、足太阳膀胱经之会。位于人体的头部，后发际正中直上2.5寸，风府穴上1.5寸，枕外隆凸的上缘凹陷处。在左右枕骨肌之间；有左右枕动、静脉分支，深层藏有血管；布有枕大神经分支。

二十二、双峰贯耳（太阳、太阴穴）

【用法】

1. 敌方左脚前移步，右脚向前方上一大步，两掌向前插出，攻击我方腹部。我方迅疾收拢左脚半步，屈膝沉身成左丁虚步，上身略前倾，两掌向前下插，用两前臂外侧格敌两前臂内侧，阻截敌双掌插击。（图1-48）

图1-48

2.动作不停,我方双臂猛然向外抖劲,左脚跨上一步于敌右脚内侧;同时,两掌变凤眼捶,向前上划弧合击敌头部太阳、太阴二穴。(图1-49)

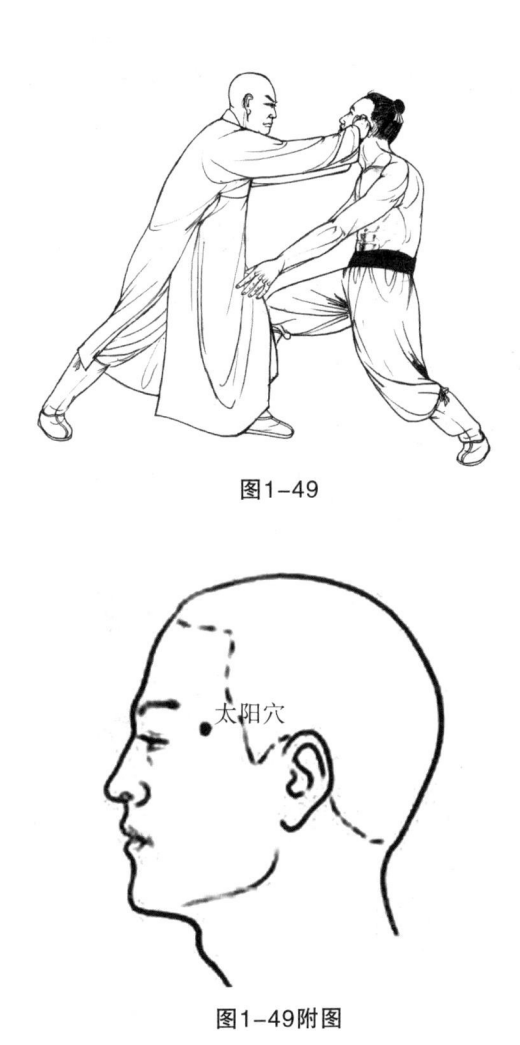

图1-49

图1-49附图

【穴位】

太阳穴（左太阳、右太阴），为"经外奇穴"。在耳廓前面，前额两侧，外眼角延长线的上方；是武术"死穴"之一。现代医学证明，打击太阳穴，可使人短暂晕倒或造成脑震荡使人意识丧失。

二十三、犀牛望月（藏血穴）

【用法】

1. 敌方右垫步进身，左脚踹踢我方腹部。我方迅疾将右脚向右侧方闪跨一步，右偏身避敌腿之际，左掌向下、向外划敌左小腿外侧，将敌攻击腿化开。（图1-50）

图1-50

2. 动作不停，我方左脚上前一步之际，右脚向前跨上一大步，左转身于敌身后；同时，右手剑指戳击敌脑后左侧藏血穴。（图1-51）

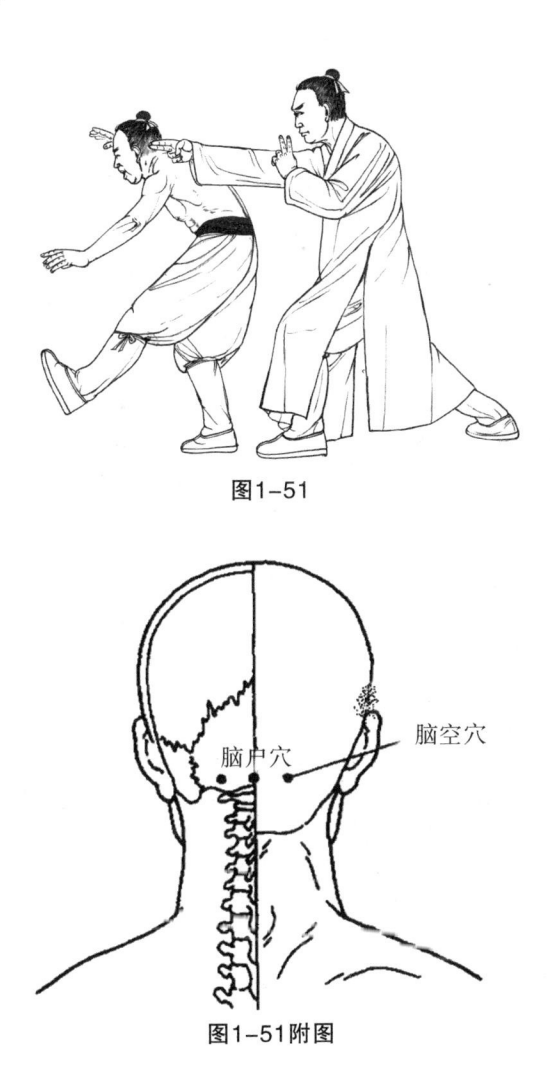

图1-51

脑户穴　　脑空穴

图1-51附图

【穴位】

藏血穴，即脑空穴也，是足少阳胆经的常用腧穴之一，别名颞颥。位于枕外隆凸的上缘外侧，头正中线旁开2.25寸，平脑户穴。在枕肌中；布有枕大神经，枕动、静脉，面神经耳后支。

二十四、单坐莲花（灵台穴）

【用法】

1. 敌方右垫步进身，左腿踹踢我方面部。我方迅疾右脚后移步，左脚盖步右倾身，避过敌腿攻击。（图1-52）

图1-52

第一章 灵空禅师点穴术（三十四势）

2. 动作不停，我方趁敌腿攻击旧力略过之际，左脚回步于右脚跟内侧，左转身，右脚绕步向敌身后，左掌抓敌臀尾，右手凤眼捶击打敌后背灵台穴。（图1-53）

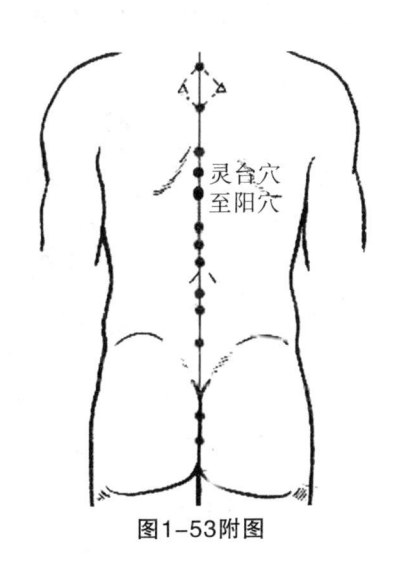

图1-53

灵台穴
至阳穴

图1-53附图

【穴位】

灵台穴，别名肺底。属督脉。在背部，当第6胸椎棘突下凹陷中。布有第6胸神经后支的内侧支和第6肋间动脉后支。有腰背筋膜，棘上韧带及棘间韧带；为第6肋间动脉背侧支，棘间皮下静脉丛分布处；有第6肋间神经后支之内侧支行走。

二十五、直进平阳（眉心穴）

【用法】

1. 敌方左脚前移步，右脚向前方上进一大步，右拳击打我方面部。我方迅疾将左脚向后撤一大步，屈膝沉身下坐成右虚步；同时，右掌上挑，掌背拍格敌右前臂外侧。（图1-54）

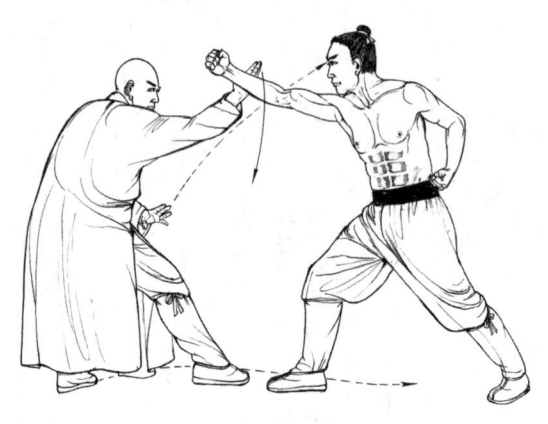

图1-54

第一章　灵空禅师点穴术（三十四势）

2. 动作不停，我方右掌背贴住敌右前臂向右外化劲，旋腕转指，向下挂落敌右臂；同时，左手凤眼捶击打敌鼻梁上之眉心穴。（图1-55）

图1-55

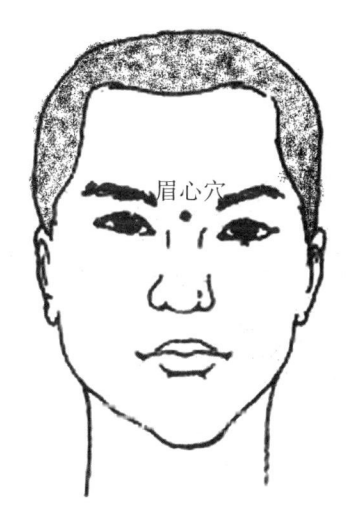

图1-55附图

55

【穴位】

眉心穴，在印堂穴下凹陷处，也称山根穴。针灸经穴上不曾记述此穴，多以印堂穴代之，此二穴在点打技法上只是偏上偏下而已。

二十六、双星坠地（气海俞穴）

【用法】

1. 敌方右垫步进身，左拳击打我胸部。我方迅疾向右侧上步绕转，进入敌方左侧身后，两手剑指点击敌后腰。（图1-56）

图1-56

2．动作不停，两手旋腕，变凤眼捶，抖击敌腰下气海俞穴。（图1-57）

图1-57

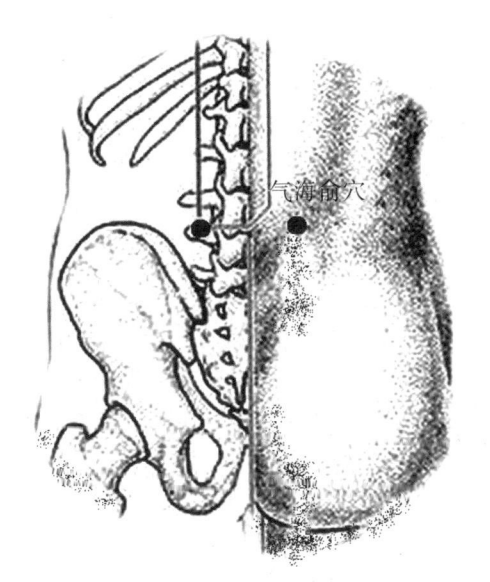

图1-57附图

【穴位】

气海俞穴，属足太阳膀胱经。位于第3腰椎棘、旁开1.5寸处。击中后，冲击肾脏，阻血破气。

二十七、连掌穿杨（鸠尾穴）

【用法】

1. 我方前滑步进身，左弹腿踢击敌左膝。敌方后撤左脚，吞身后缩，避过我方左脚踢击。（图1-58）

图1-58

第一章 灵空禅师点穴术（三十四势）

2．随即，我方左脚落步，右脚上进一步踏入敌方洪门，屈膝蹲身成马步；同时，右掌插击敌胸前鸠尾穴。（图1-59）

图1-59

图1-60

3．动作不停，右弓步，左手剑指再度插击敌胸前鸠尾穴。（图1-60）

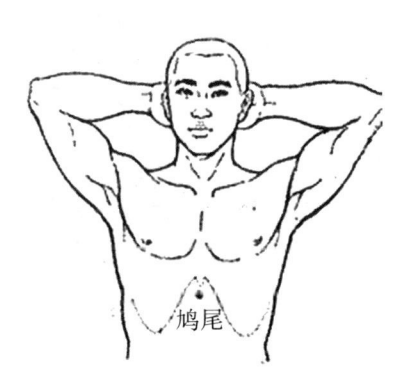

鸠尾

图1-60附图

59

【穴位】

鸠尾穴，属任脉，系任脉之络穴。位于脐上7寸，剑突下半寸。击中后，冲击腹壁动、静脉及肝、胆，震动心脏，血滞而亡。

二十八、左右迎马（商曲穴）

【用法】

1. 敌方左脚前移步，右脚向前跨步进身，左拳击打我方面部。我方迅疾向后滑步，避敌左拳锋芒之际，左掌上起，左掌背格敌左前臂外侧，向外化开敌拳攻击力。（图1-61）

图1-61

2. 随即，我方左脚前移步，右手剑指向前戳击敌左腹侧商曲穴。（图1-62）

图1-62

3. 动作不停，我方右手略收，左手剑指点击敌右腹侧商曲穴。（图1-63）

【穴位】

商曲穴，属足少阴肾经，冲脉、足少阴之会，别名高曲。位于脐中上2寸，前正中线旁开0.5寸。在腹直肌内缘；布有腹壁上下动、静脉；有第8、9、10肋间神经分布。

少林点穴绝技

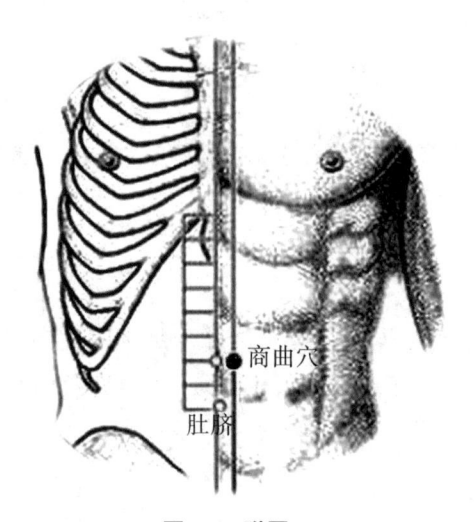

图1-63

图1-63附图

二十九、扣弹斩剑（分水穴）

【用法】

1. 敌方右脚上步，右横摆拳击打我方头部。我方迅疾收提左脚插入敌右脚内侧，右偏身避敌右拳之际，左手剑指点击敌腹部肚脐右侧。（图1-64）

图1-64

少林点穴绝技

2．动作不停，我方左旋身，右膝跪步，右手剑指点击敌腹部分水穴。（图1-65）

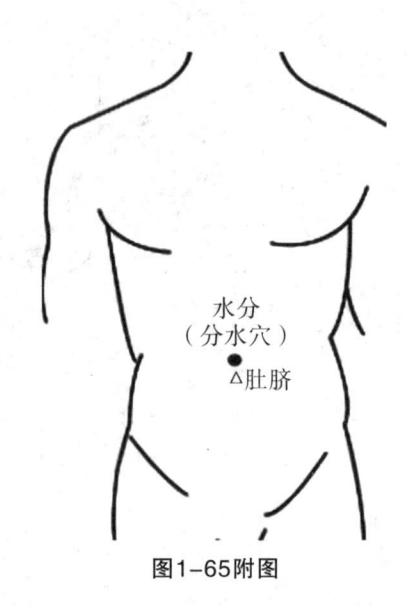

图1-65

图1-65附图

64

【穴位】

分水穴，即水分穴，别名中守穴、中管穴，为任脉上的重要穴位之一。位于上腹部，前正中线上，当脐中上1寸。在腹白线上，深部为小肠；有腹壁下动脉、静脉分支，腹壁下动、静脉分支；布有第8、9肋间神经前皮支的内侧支。

三十、月里藏花（中极穴）

【用法】

1. 敌方左脚前移步，右脚跨上一步，右拳击打我方面部。我方迅疾将左脚向左外侧方摆跨一步，上体右旋，左掌砍击敌方右腕外侧，阻截敌拳攻击。（图1-66）

图1-66

2. 动作不停，我方左掌黏住敌腕向右下压，右手接抓住敌右腕向右腰侧拉带；同时，右脚尖弹踢敌小腹中极穴。（图1-67）

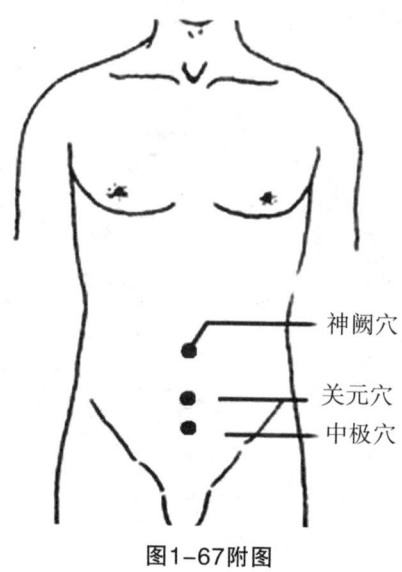

图1-67

神阙穴
关元穴
中极穴

图1-67附图

【穴位】

中极穴,属任脉,系足三阴、任脉之会,膀胱之募穴。位于下腹部,前正中线上,当脐中下4寸。在腹白线上,深部为乙状结肠;有腹壁浅动、静脉分支,腹壁下动、静脉分支;布有髂腹下神经的前皮支。击中后,冲击腹壁动、静脉和神经震动乙结肠,伤气机。

三十一、进步撩阴(会阴穴)

【用法】

1. 敌方左脚前移步,右脚弹踢我方裆部。我方迅疾后移右步,收左脚屈膝下蹲,左脚尖点地成左丁步;同时,左手向下反捞,勾住敌右脚跟后侧,化解敌脚攻击。(图1-68)

图1-68

2．动作不停，左脚上前一步，左手勾住敌左脚跟向上掀起，随即右膝跪地，右手剑指弧形上穿，戳击敌裆下会阴穴。（图1-69）

图1-69

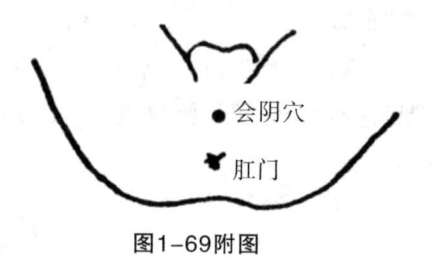

图1-69附图

【穴位】

会阴穴，是人体任脉上的要穴。它位于人体肛门和生殖器的中间凹陷处。会阴穴与人体头顶的百会穴为一直线，是人体精气神的通道。百会为阳接天气，会阴为阴收地气，二者互相依存，相似相应，统摄着真气在任督二脉上的正常运行，维持体内阴阳气血的平衡，它是人体生命活动的要害部位。

三十二、力劈华山（百会穴）

【用法】

1. 敌方左脚前移步，右脚跨步进身，右拳击打我方胸部。我方迅疾收左脚半步，两腿屈膝半蹲，成半虚步；同时，左掌向右、向下划弧，右前臂外侧拦格敌右腕内侧，将敌拳化于左外侧。（图1-70）

2. 随即，我方左脚上一步，右掌劈砍敌头顶。（图1-71）

图1-70

图1-71

3. 动作不停，我方右掌内旋，同时，中指尖点敌方头顶百会穴。（图1-72）

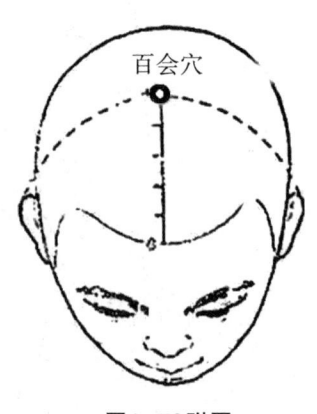

图1-72

图1-72附图

【穴位】

百会穴，属督脉，为手足三阳、督脉之会，别名"三阳五会"。位置在头顶正中线与两耳尖联线的交点处。被击中，脑晕倒地，不省人事。

三十三、白鹤踏雪（鹤口穴）

【用法】

1. 敌方前滑步进身，左拳击打我方面部。我方右偏身避过敌拳之际，两掌交腕上提，拦格敌左前臂外侧。（图1-73）

图1-73

少林 点穴绝技

2. 动作不停，我方左脚上步于敌方左脚后侧，两掌贴着敌臂前滑，转身于敌身后；同时，右膝提起顶撞敌臀后鹤口穴。（图1-74）

图1-74

颈椎
大椎
陶道
身柱
神道
灵台
至阳
筋缩
中枢
脊中
悬枢
命门
腰阳关
胸椎
腰椎

大椎
陶道
身柱
神道
灵台
至阳
筋缩
中枢
脊中
悬枢
命门
腰阳关

腰俞（鹤口）

长强

图1-74附图

72

【穴位】

鹤口穴，即腰俞穴。督脉气血由此输向腰之各部。在骶部，当后正中线上，适对骶管裂孔，臀沟分开处即是。在骶后韧带、腰背筋膜中；有骶中动、静脉后支，棘突间静脉丛；布有尾神经分支。

三十四、五法飞云（攒心穴）

【用法】

1. 敌方左脚前移步，右脚跨上一步，左拳击打我方面部。我方迅疾后滑半步，蹲身成左虚步；同时，左掌上托敌左肘部，化解敌拳攻击。（图1-75）

图1-75

2．动作不停，我方左掌托住敌左臂向前上推，左脚前移步，右手剑指上穿戳击敌左腋下极泉穴。（图1-76）

图1-76

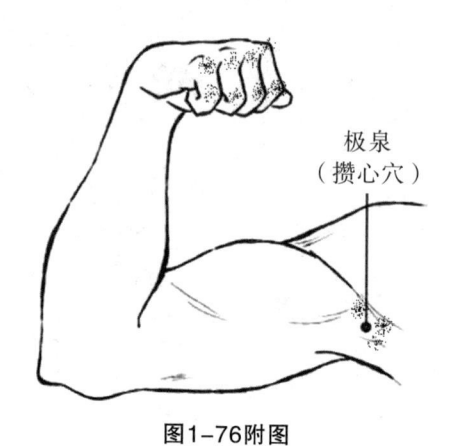

极泉
（攒心穴）

图1-76附图

【穴位】

极泉穴,即攒心穴,属手少阴心经。位于腋窝顶点,腋动脉搏动处。在胸大肌的外下缘,深层为喙肱肌;外侧为腋动脉;布有尺神经,正中神经,前臂内侧皮神经及臂内侧皮神经。

第二章

玄机秘授点穴术（十八势）

玄机和尚，乃明代少林高僧，其武功传承主要有《拳经拳法备要》《张氏短打》《玄机秘授穴道》三部。此三部拳谱曾被少林寺藏经阁收藏，被武林中人奉为枕中秘宝。

少林点穴绝技

　　这里将玄机和尚秘授点穴精招介绍出来，由此可窥其绝技高深之一斑。

　　穴位图。（图2-1、图2-2）

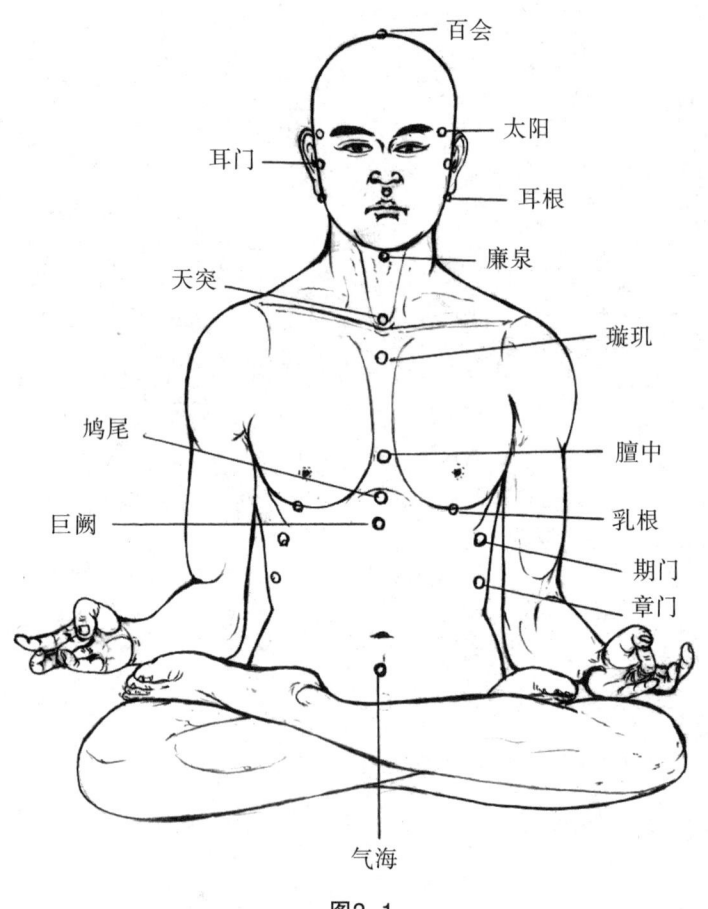

图中穴位标注：百会、太阳、耳门、耳根、廉泉、天突、璇玑、鸠尾、膻中、巨阙、乳根、期门、章门、气海

图2-1

第二章　玄机秘授点穴术（十八势）

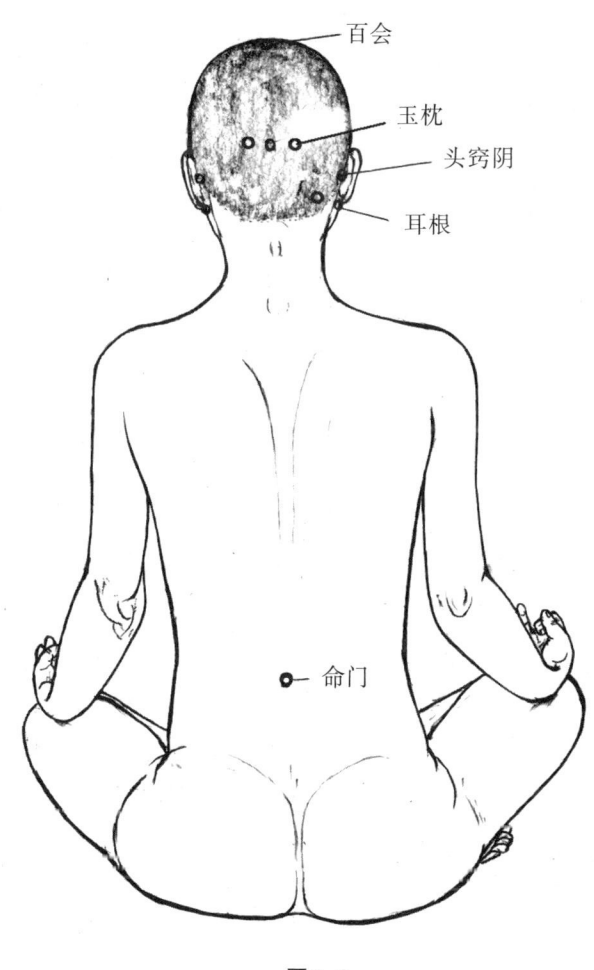

百会
玉枕
头窍阴
耳根
命门

图2-2

一、窝里炮（太阳穴）

【用法】

1. 敌方前滑步进身，左拳击打我方面部。我方迅疾撤退左脚一步，双掌上起护面之际，左前右后推敌左前臂，阻截敌拳攻击。（图2-3）

图2-3

2. 随即，我方右脚前移，左掌背反拍敌左脸及左颈部。（图2-4）

图2-4

第二章　玄机秘授点穴术（十八势）

3．动作不停，右掌变凤眼捶击敌左侧太阳穴。（图2-5）

图2-5

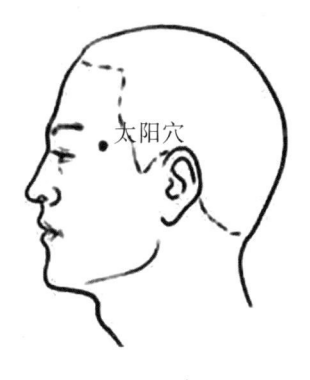

图2-5附图

【穴位】

太阳穴，为"经外奇穴"。在耳廓前面，前额两侧，外眼角延长线的上方，被武术列为"死穴"之一。现代医学证明，打击太阳穴，可使人短暂晕倒或造成脑震荡使人意识丧失。

81

二、还勾手（百会穴）

【用法】

1. 敌方左脚前移步，右脚跨上一步，右拳击打我方胸部。我方迅疾后滑半步，左掌下按阻截敌右拳。（图2-6）

图2-6

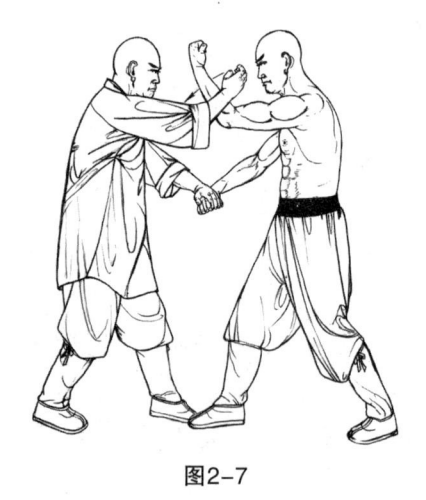

2. 随即，我方右掌扑击敌方面部。敌抬左臂架格我方右腕。（图2-7）

图2-7

第二章　玄机秘授点穴术（十八势）

3. 我方右手迅疾向内勾回，压落敌方左拳。（图2-8）

图2-8

4. 动作不停，我方右手前翻臂，凤眼捶击点敌方头顶百会穴。（图2-9）

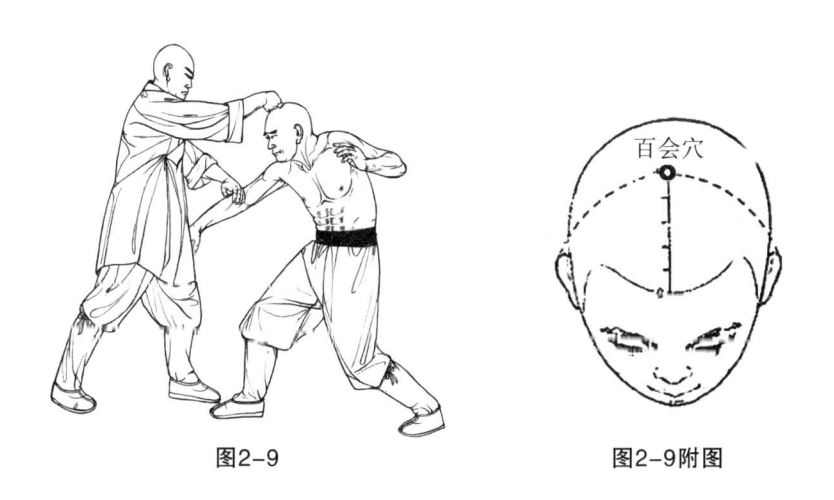

图2-9

图2-9附图

83

【穴位】

百会穴，属督脉，为手足三阳、督脉之会，别名"三阳五会"。位置在头顶正中线与两耳尖联线的交点处，被击中，脑晕倒地，不省人事。

三、满堂红（人中穴）

【用法】

1. 敌方左脚前移步，右脚跨上一步，右拳击打我方面部。我方迅疾撤退左脚一步，左旋身，右掌推按敌右前臂内侧，阻截敌拳攻击。（图2-10）

图2-10

2. 随即，我方右掌按住敌右前臂下压，左掌斜劈敌面部右侧。（图2-11）

图2-11

3. 紧接着，我方右拳上翻，反背拳击打敌下巴或嘴唇。（图2-12）

图2-12

4. 动作不停,我方左拳凤眼捶前顶敌唇上人中穴。(图2-13)

图2-13

5. 我方左拳向前一顶,右手凤眼捶紧跟而出,点击其人中穴。(图2-14)

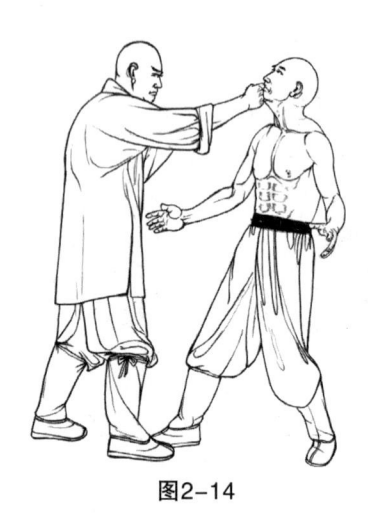

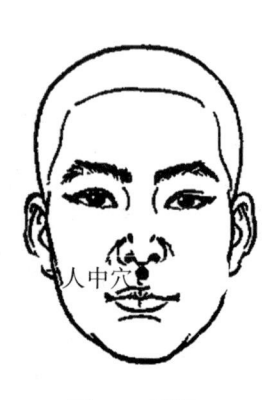

图2-14

图2-14附图

【穴位】

人中穴，属督脉，为手、足阳明，督脉之会。位于上嘴唇沟的上1/3与下2/3交界处。在口轮匝肌中；有上唇动、静脉；布有眶下神经支及面神经颊支。被点中后头晕眼昏。

四、五横手（期门穴）

【用法】

1. 敌方左脚前移步，右脚跨上一步，右拳击打我方胸部。我方迅即向后滑步；同时，左掌下按，右前臂压住敌右拳背。（图2-15）

图2-15

2. 随即，我方左脚前移步，右掌抖拳击敌面部。敌左臂前架，阻截我方右拳。（图2-16）

图2-16

3. 紧接着，我方右脚上步于敌方洪门；同时，右肘横击敌头部左侧。（图2-17）

图2-17

4. 动作不停，我方右脚前移半步之际，右拳前翻，反背拳击打敌方右颌侧。（图2-18）

图2-18

5. 我方左掌紧跟而出，用掌棱推击敌前胸。（图2-19）

图2-19

6. 右手凤眼捶击点敌左期门穴。（图2-20）

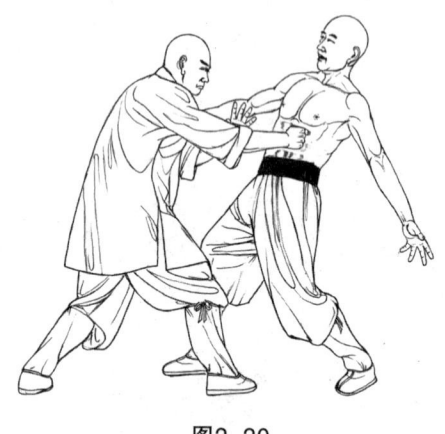

图2-20

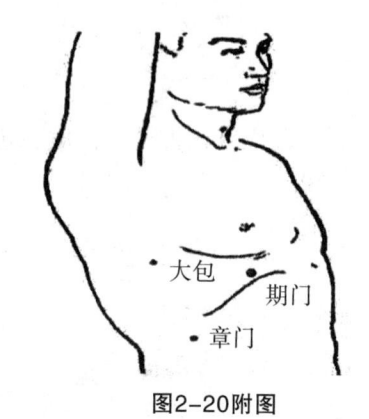

图2-20附图

【穴位】

期门穴，属肝经，亦为肝经募穴。位于胸部，当乳头直下，第6肋间隙，前正中线旁开4寸。有腹直肌、肋间肌；有肋间动、静脉；布有第6、7肋间神经。

五、缠赶手（膻中穴）

【用法】

1．敌方左脚前移步，右脚跨上一步，右勾拳击打我方左肋部。我方迅疾向后滑退半步，左掌下划，用前臂格敌右前臂内侧，向左外侧化开。（图2-21）

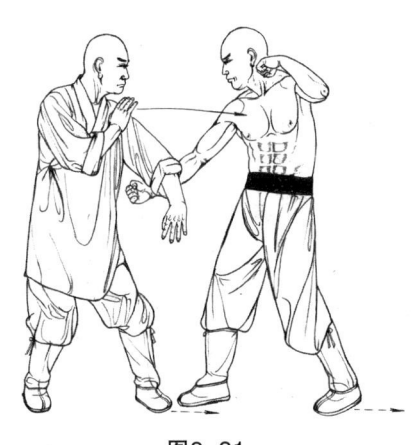

图2-21

图2-22

2．随即，我方左脚前移，右拳击打敌右胸。（图2-22）

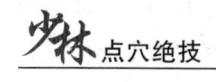

3. 紧接着，我方右肘向前上横击敌面部左侧。敌方仰面避过。（图2-23）

图2-23

4. 动作不停，我方右拳前翻，反背拳击打敌下巴。（图2-24）

图2-24

5. 我方左掌紧跟而出，推击敌咽喉。（图2-25）

图2-25

6. 右手凤眼捶前磕敌方胸前膻中穴。（图2-26）

图2-26

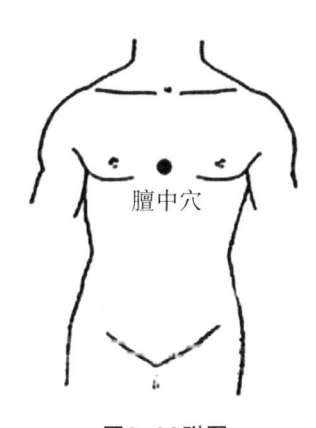

图2-26附图

【穴位】

　　膻中穴，经属任脉，是足太阴、少阴，手太阳、少阳，任脉之会。气会膻中，心包募穴。在胸部前正中线上，平第4肋间，两乳头连线之中点。

六、六平手（璇玑穴）

【用法】

　　1.敌方左脚前移步，右脚跨上一步，右拳击打我方面部。我方迅疾将左脚向后撤退一步，左旋身，右手上提，右前臂内裹，格敌右前臂内侧，将敌拳化解。（图2-27）

图2-27

第二章 玄机秘授点穴术（十八势）

2.随即，我方左掌格敌右腕内侧，左脚内收半步，右脚上步于敌方右脚跟内后侧绊住；同时，右掌背反拍敌颈右侧。（图2-28）

图2-28

3.左掌紧跟而出，斜砍敌颈右侧大动脉。（图2-29）

图2-29

4. 紧接着，我方右脚外摆半步，左脚上步于敌方右腿后侧；同时，右肘横扫敌面部。敌仰面避躲。（图2-30）

图2-30

5. 我方右掌反背挥出，扇击敌右耳部。（图2-31）

图2-31

6. 左掌跟出，掌棱削击敌锁骨部位。（图2-32）

图2-32

7. 动作不停，我方右手凤眼捶击点敌方前胸璇玑穴。（图2-33）

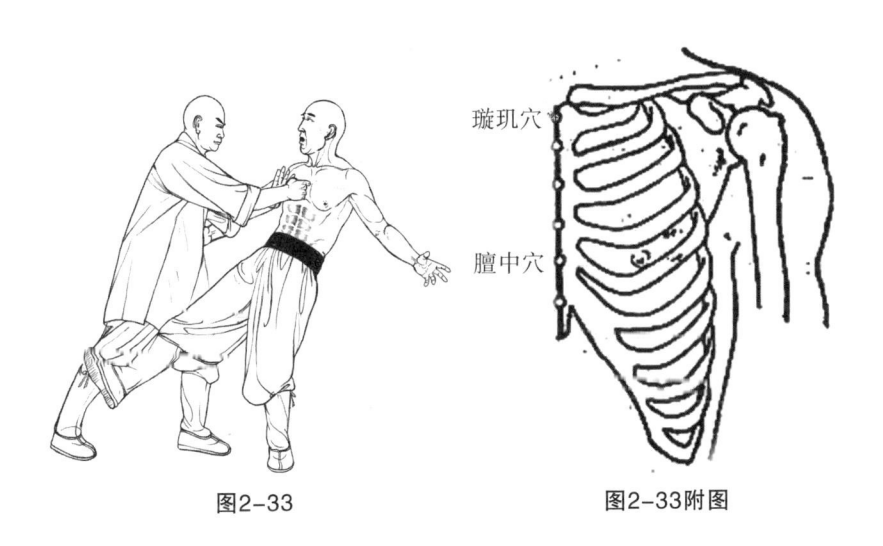

图2-33

图2-33附图

【穴位】

璇玑穴，属任脉。在胸部，当前正中线上，胸骨上窝中央下1寸。穴下为皮肤、皮下组织、胸大肌起始腱、胸骨柄。主要布有锁骨上内侧神经和胸廓内动、静脉的穿支。

七、硬崩手（耳门穴）

【用法】

1. 敌方左脚前移步，右脚跨上一步，右拳勾击我方腹部。我方迅即向后滑半步，右掌按住敌方右前臂上侧，同时，左掌戳敌眼部。（图2-34）

图2-34

第二章 玄机秘授点穴术（十八势）

2. 随即，我方左脚前移步，左掌按敌右肩之际，右掌以掌背为力点拍击敌方裆部。（图2-35）

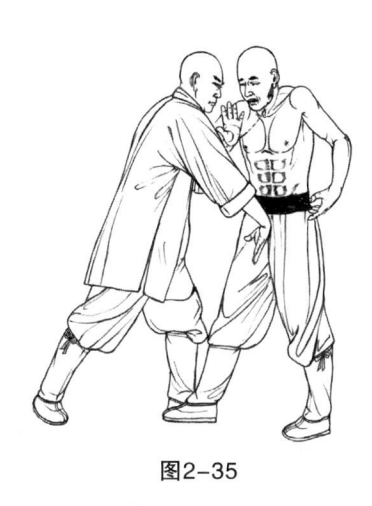

图2-35

3. 接着，左掌反拍敌左脸。（图2-36）

图2-36

4．动作不停，右手凤眼捶横击敌左脸侧耳门穴。（图2-37）

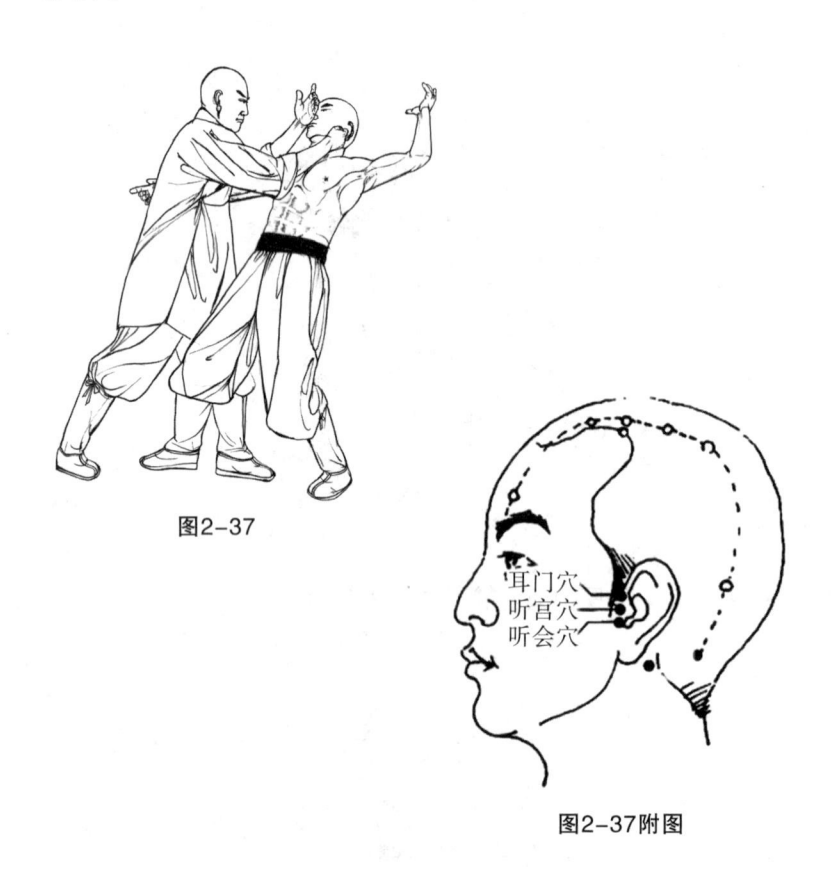

图2-37

图2-37附图

【穴位】

耳门穴，属手少阳三焦经。在面部，当耳屏上切迹的前方，下颌骨髁突后缘，张口有凹陷处。布有耳颞神经，面神经分支和颞浅动、静脉。有颞浅动、静脉耳前支；布有耳颞神经，面神经分支。被点中后，耳鸣头晕倒地。

八、两便手（廉泉穴）

【用法】

1. 敌方左脚前移步，右脚跨步进身，右拳击打我方面部。我方迅疾后滑半步，右侧身，双掌上提拦敌右前臂外侧，阻截敌拳攻击。（图2-38）

图2-38

2. 随即，我方右脚上步于敌方右脚外后侧；同时，两掌贴住敌方右前臂向前下压抖劲，击落敌方右臂。（图2-39）

图2-39

3．紧接着，右掌向前上托击敌下巴，致敌仰面。（图2-40）

图2-40

4．动作不停，我方左手凤眼捶上穿，击点敌颌下廉泉穴。（图2-41）

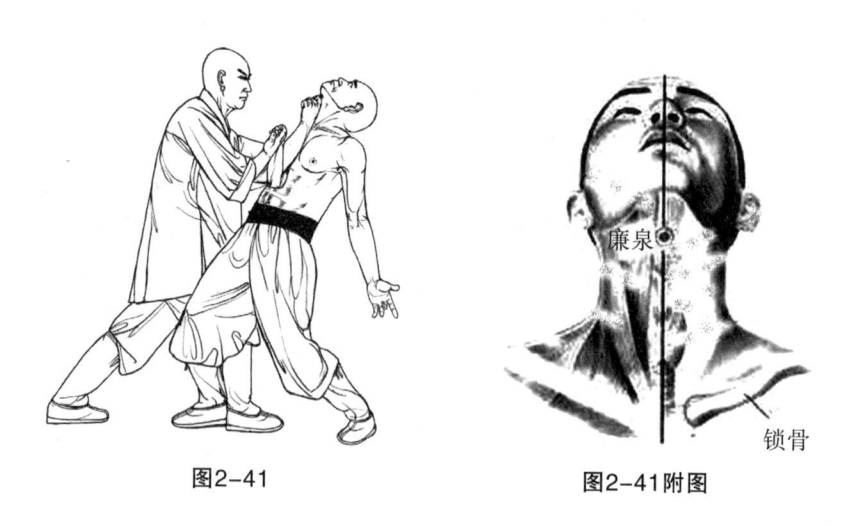

图2-41　　　　图2-41附图

【穴位】

廉泉穴，是任脉、阴维脉交会穴。位于人体的颈部，当前正中线上，结喉上方，舌骨上缘凹陷处。在颈部正中线与喉结正上方横皱纹交叉处。在甲状软骨和舌骨之间，深部为会厌，下方为喉门，有甲状舌骨肌、舌肌；有颈前浅静脉，甲状腺上动、静脉；布有颈皮神经，深层有舌下神经分支。

九、挽拜手（鸠尾穴）

【用法】

1. 敌方左脚前移步，右脚跨上一步，右拳击打我方面部。我方迅疾后滑半步，沉身后坐成左虚步；同时，左手上提，格住敌右腕内侧，向外化劲。（图2-42）

图2-42

2. 随即，我方左手旋腕扣指，拿住敌右腕，同时，右臂内旋，裹击敌右前臂内侧。（图2-43）

图2-43

3. 接着，我方两脚前移步，右肘横扫敌心口。（图2-44）

图2-44

第二章　玄机秘授点穴术（十八势）

4．动作不停，我方右掌前翻，反背掌拍击敌右耳根部。（图2-45）

图2-45

5．左掌紧跟而出，上翻反拍敌面部，致敌退身仰面。（图2-46）

图2-46

105

6. 我方左脚前移步追上，右手凤眼捶击敌鸠尾穴，将敌击翻于地。（图2-47）

【穴位】

鸠尾穴，属任脉，系任脉之络穴。位于脐上7寸，剑突下半寸。击中后，冲击腹壁动、静脉及肝、胆，震动心脏，血滞而亡。

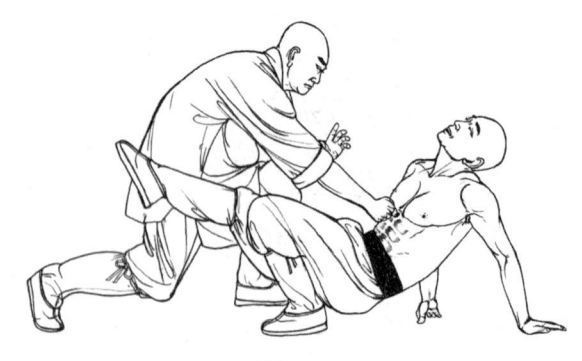

图2-47

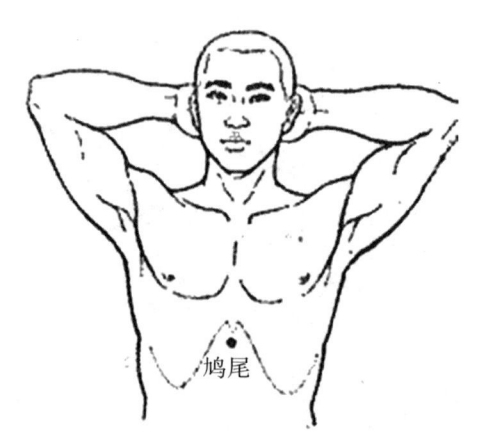

图2-47附图

十、双缠手（巨阙穴）

【用法】

1. 敌方左脚前移步，右脚跨上一步，右拳击打我方面部。我方迅疾向后滑退半步，沉身下坐成左虚步；同时，右掌上划，用掌棱格击敌右腕外侧，阻截敌拳攻击。（图2-48）

图2-48

2. 随即，我方左脚向前上步于敌右脚外后侧，右脚跟一小步；同时，左掌上翻格划敌右前臂内侧，右肘横击敌上胸近锁骨部。（图2-49）

图2-49

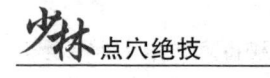

3. 接着，右拳前翻，反背拳击打敌下颌。（图2-50）

图2-50

4. 敌方受击仰身之际，我方左掌紧跟而出，推击敌胸部，击退敌方。（图2-51）

图2-51

5．动作不停，我方右手凤眼捶追上击打敌巨阙穴。（图2-52）

【穴位】

巨阙穴，属任脉。位于上腹部，前正中线上，当脐中上6寸。

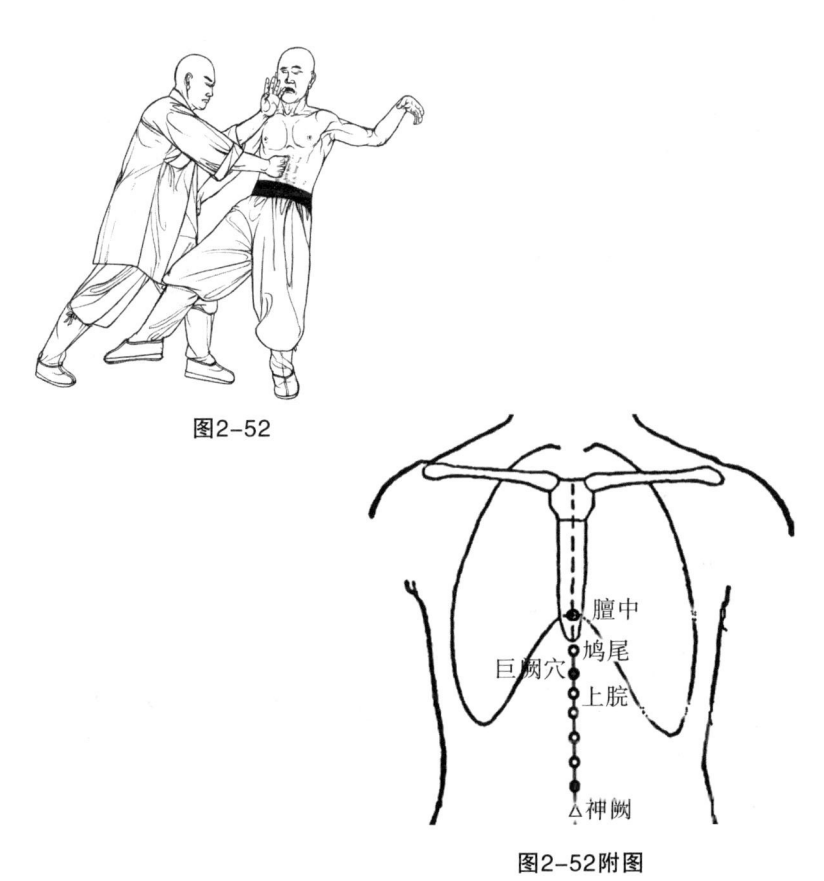

图2-52

图2-52附图

十一、勾扳手（乳根穴）

【用法】

1．敌方左脚前移步，右脚跨上一大步，右掌劈击我方头部。我方迅疾向后滑退半步，内收左脚，屈膝半蹲成左丁虚步，下沉身避过敌掌。（图2-53）

图2-53

2．随即，左脚上半步于敌方右脚外侧；同时，左掌从敌右上臂外侧上穿，将敌臂担于左肩上，右掌砍击敌颈右侧后。（图2-54）

图2-54

3. 接着，右脚向前收进一步，长身担住敌右臂向前推，右掌按住敌后脑下压，迫使敌身向其左旋俯。（图2-55）

图2-55

4. 动作不停，我方右肘横击敌右侧咽喉部。（图2-56）

图2-56

少林 点穴绝技

5. 左掌紧随而出，以掌棱为力点削击敌胸。（图2-57）

图2-57

6. 右手凤眼捶追出，击点敌方右侧乳根穴。（图2-58）

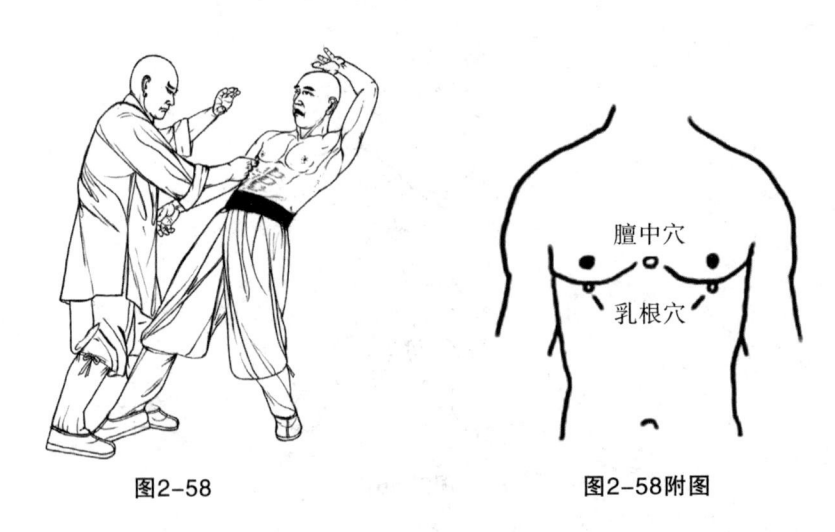

图2-58

膻中穴
乳根穴

图2-58附图

112

【穴位】

乳根穴，属足阳明胃经。位置在乳头直下，乳房根部，当第5肋间隙，距前正中线4寸。位于第5肋间隙，胸大肌下部，深层有肋间内、外肌；有肋间动脉，胸壁浅静脉；有第五肋间神经外侧皮支，深层为肋间神经干。左侧内为心脏。击中后，冲击心脏，休克易亡。

十二、元光手（耳根穴）

【用法】

1. 敌方左脚前移步，右脚跨上一大步，左拳击打我方面部。我方迅即向后滑步，沉身下坐成左虚步，起两掌向右拍格敌右前臂内侧，化解敌拳攻击。（图2-59）

图2-59

2. 随即，左脚前移步于敌方右脚外侧；同时，右掌贴着敌右腕内侧向外格化，左掌向前反背掌打其面门。（图2-60）

图2-60

3. 动作不停，我方趁敌仰面，右手凤眼捶圈击敌左侧耳根穴。（图2-61）

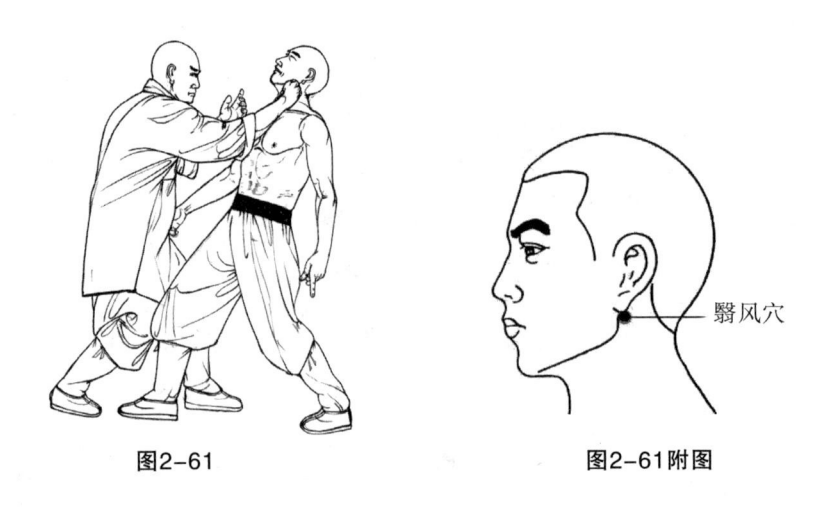

图2-61

图2-61附图

翳风穴

【穴位】

耳根穴，即翳风穴，手足少阳之会。在耳垂后耳根部，颞骨乳突与下颌骨下颌支后缘间凹陷处。后方由浅到深为锁乳突肌、头夹肌、头最长肌、二腹肌后腹；有耳大神经，深层当面神经干从颅骨穿出处；有耳后动、静脉和颈外浅静脉。

十三、披擅手（天突穴）

【用法】

1. 敌方左脚前移步，右脚跨上一步，右拳击打我方胸部。我方迅疾后滑半步，右掌拍按敌右前臂上侧，左掌棱劈击敌右上臂，阻截敌拳攻击。（图2-62）

图2-62

2. 随即，我方提起右脚，蹬踩敌右膝盖。（图2-63）

图2-63

3. 敌右膝受伤，后退不及。我方右脚迅疾向前落步，右掌向前斜砍敌右颈侧。（图2-64）

图2-64

4. 紧接着，左脚上进一步，落于敌方右腿外后侧方，左拳向前上提击打敌下颌。（图2-65）

图2-65

5. 动作不停，右拳凤眼捶向前冲出，击点敌方天突穴。（图2-66）

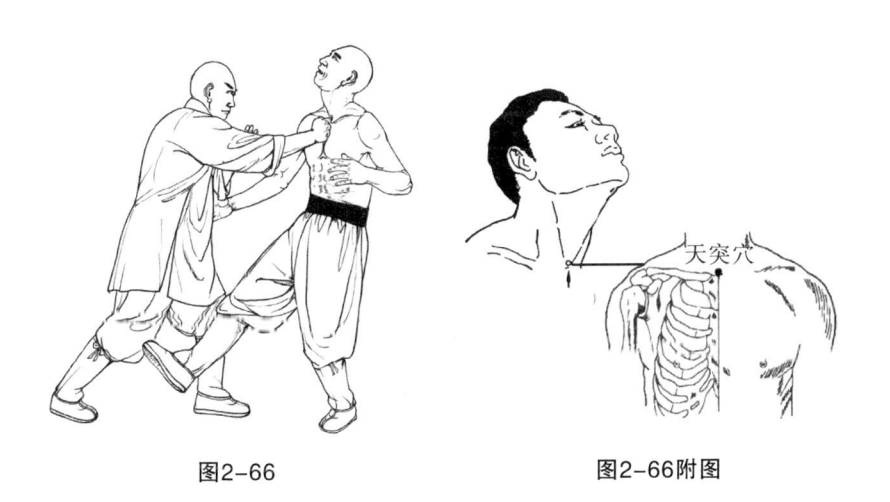

图2-66

图2-66附图

【穴位】

天突穴，为任脉、阴维脉交会穴。位于颈部，当前正中线上胸骨上窝中央。在左右胸锁乳突肌之间，深层左右为胸骨舌骨肌和胸骨甲状肌；皮下有颈静脉弓、甲状腺下动脉分支；深部为气管，再向下，在胸骨柄后方为无名静脉及主动脉弓；布有锁骨上神经前支。

十四、拳勾手（章门穴）

【用法】

1. 敌方左脚前移步，右脚向前跨上一大步，右拳击打我方面部。我方迅疾撤退左脚一步，左转身，上起右掌，用掌棱格击敌右前臂内侧，阻截敌拳攻击。（图2-67）

图2-67

2. 随即，我方右掌贴住敌右前臂向左、向下、向右旋压；同时，左脚上步扣绊于敌右脚跟外后侧，左拳击打敌头部右侧。（图2-68）

图2-68

3. 动作不停，我方左脚向左后撤步，右脚上步于敌方右脚后，右手剑指戳击敌右肋侧章门穴。（图2-69）

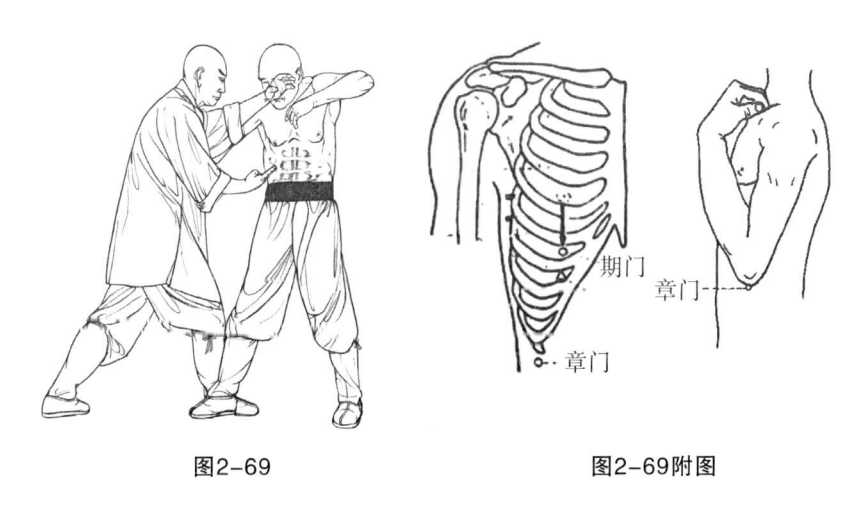

图2-69　　　　图2-69附图

【穴位】

章门穴，属于足厥阴肝经。在腋中线，第1浮肋前端，屈肘合腋时肘尖正对的地方就是。章门穴，别名长平、季肋。有腹内、外斜肌及腹横肌；有肋间动脉末支；布有第10、11肋间神经；右侧当肝脏下缘，左侧当脾脏下缘。

十五、撩阴打海（气海穴）

【用法】

1. 敌方左脚前移步，右脚向前跨上一大步，右拳击打我腹部。我方迅疾撤退左脚一步，右掌向左拍，格住敌右前臂向左外侧推开，同时，左掌劈击敌面部。（图2-70）

图2-70

2. 敌仰面避过我方左掌劈击。我方右掌向前下反背掌拍敌裆部。（图2-71）

图2-71

3. 随即，右掌上翻，反背掌击打敌方面部右侧。（图2-72）

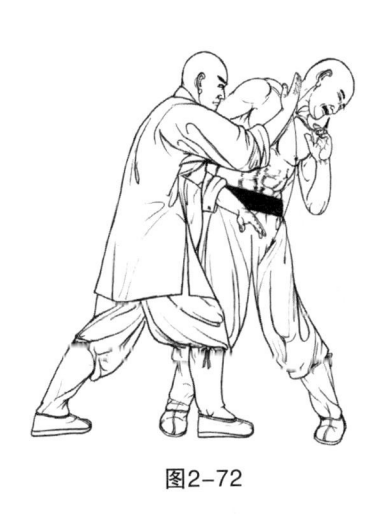

图2-72

4. 动作不停，左掌上翻，反背击打敌面部左侧。（图2-73）

图2-73

5. 敌方面部受连续暴击而无暇顾及之际，我方右手凤眼捶点击敌方小腹气海穴。（图2-74）

图2-74

图2-74附图

神阙
气海
1.5寸

【穴位】

气海穴，属任脉。位于腹正中线脐下1.5寸，取穴时，可采用仰卧姿势，该穴位于人体的下腹部，直线连结肚脐与耻骨上方，将其分为十等分，从肚脐往下3/10的位置，即为此穴。在腹白线上，深部为小肠；有腹壁浅动脉、静脉分支，腹壁下动、静脉分支；布有第11肋间神经前皮支的内侧支。击中后，冲击腹壁、动静脉和肋间，破气血瘀，身体失灵。

十六、隔肚穿线（命门穴）

【用法】

1. 敌方前滑步进身，左拳击打我方面部。我方迅疾撤退左脚一步，左掌上起，用掌棱格击敌左前臂外侧，阻截敌拳攻击。（图2-75）

图2-75

2. 动作不停，我方左掌旋腕扣指，拿住敌左腕向下牵带，左垫步，右脚落于敌左脚跟内后侧；同时，右手凤眼捶击打敌腰命门穴。（图2-76）

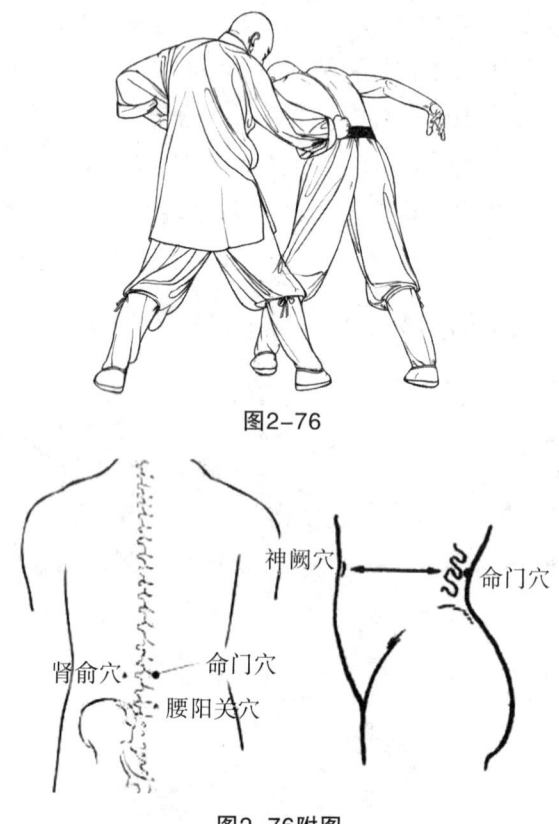

图2-76

图2-76附图

【穴位】

命门穴，属督脉。穴位于腰部，当后正中线上，第2腰椎棘突下凹陷中。在腰背筋膜、棘上韧带及棘间韧带中；有腰动脉后支及棘间皮下静脉丛；布有腰神经后支内侧支。

十七、双插花（头窍阴穴）

【用法】

1. 敌方滑步进身，左拳击打我方面部。我方迅疾向后滑退半步，左脚撤退一步；同时，右掌上挑，用右前臂外侧格挡敌左前臂内侧，阻截敌拳攻击。（图2-77）

图2-77

2. 随即，我方右掌向外化劲，左脚迅疾抢上一步，踏入敌方洪门，左掌扑击敌方面部。（图2-78）

图2-78

3．敌方后垫步退身，避我扑面掌。我方左掌贴住敌面部跟上，右脚抢上一步，右手凤眼捶横击敌头部左侧头窍阴穴。（图2-79）

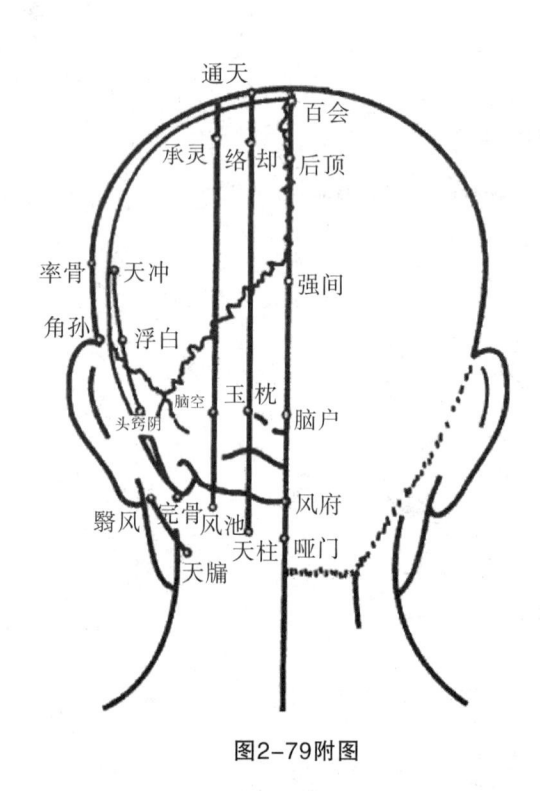

图2-79

图2-79附图

【穴位】

头窍阴穴，属足少阳胆经。在头部耳后乳突基部后上方凹陷处，当天冲与完骨所连弧形连线的下1/3折点。

十八、叶里藏花（玉枕穴）

【用法】

1. 敌方左脚前移步，右脚向前跨上一大步，右拳击打我方面部。我方迅疾向后滑退半步，左脚撤退一步；同时，左掌上提，左前臂内裹，格击敌右前臂外侧，阻截敌拳攻击。（图2-80）

图2-80

2. 随即，我方左掌内旋推压敌右臂，左脚上步于敌方右脚外后侧，同时，右掌拍击敌裆部。（图2-81）

图2-81

3. 动作不停，我方左掌猛推敌右肩，使敌体向左旋转之际，右掌上托敌下颌，左手凤眼捶点击敌后脑玉枕穴。（图2-82）

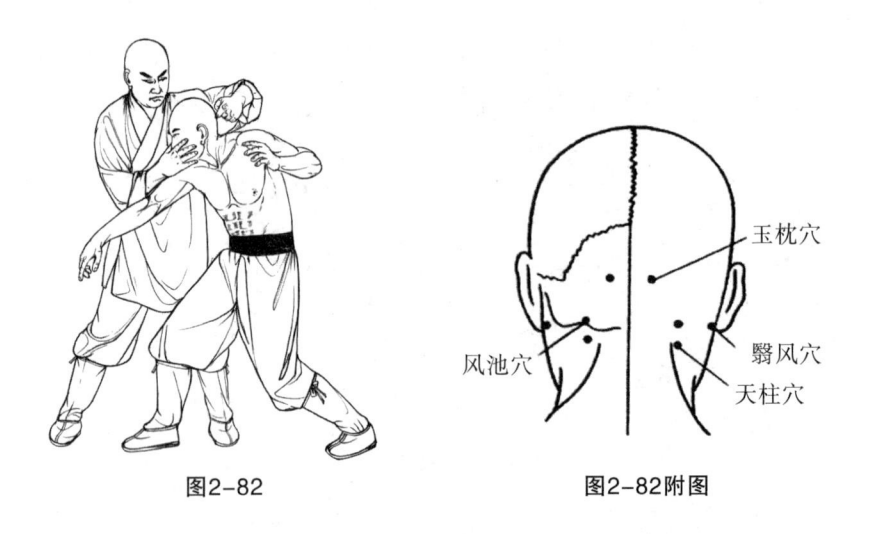

图2-82

图2-82附图

玉枕穴
风池穴
翳风穴
天柱穴

【穴位】

玉枕穴,属于足太阳膀胱经,位于后发际正中直上2.5寸,旁开1.3寸,约平枕外粗隆上缘的凹陷处。有枕肌;有枕动、静脉;布有枕大神经分支。

第三章

达摩十二点穴手（十二势）

达摩点穴手,乃少林达摩派秘技之一。其招法共十二势,专打人体十二大穴,一旦练熟,可变化无穷。

十二大穴部位图。（图3-1）

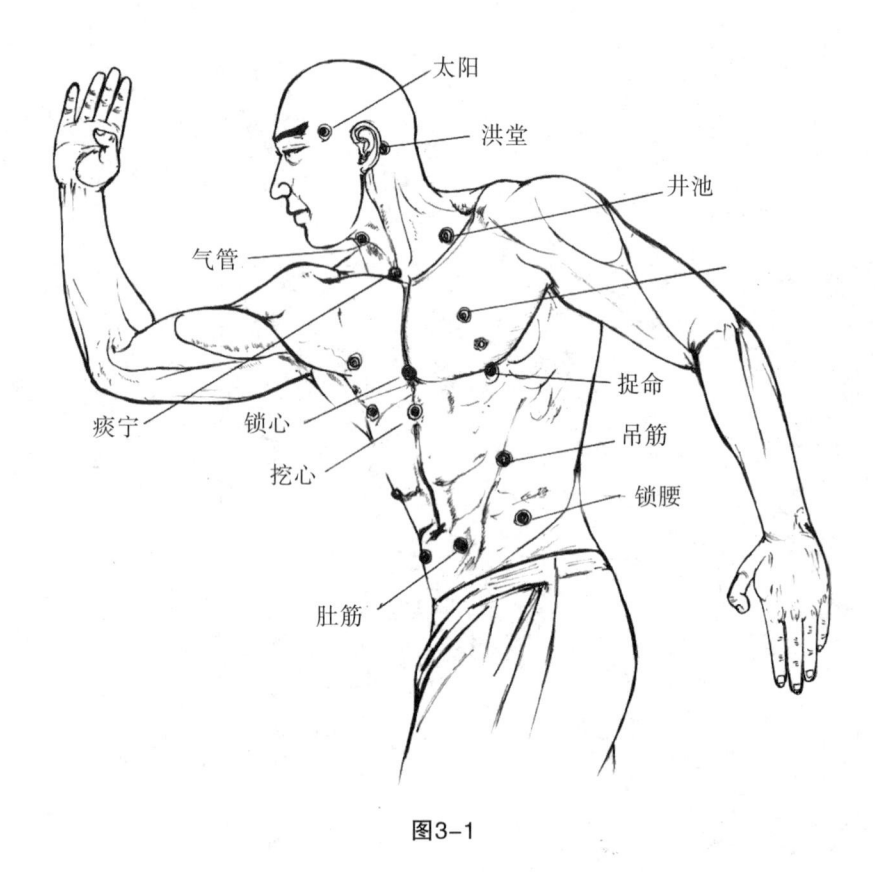

图3-1

一、达摩点灯（太阳穴）

【用法】

1. 敌方左脚进步，右拳击打向我方面部。我方左脚退步，右掌前格敌方右腕外侧，阻截敌方进攻。（图3-2）

图3-2

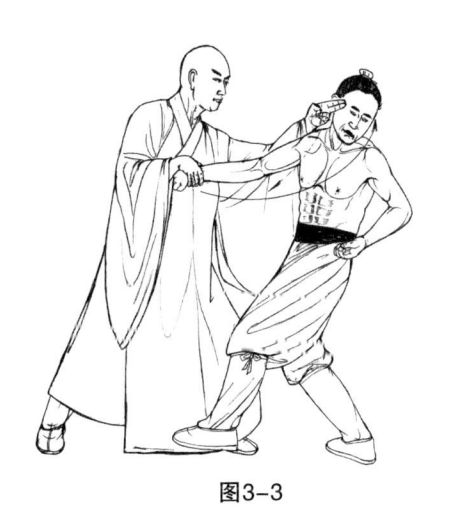

2. 随即，我方右掌旋腕扣指叼抓敌方右腕，并向下拽拉；同时，左脚上步至敌方裆前，左手剑指点击敌右侧太阳穴。（图3-3）

图3-3

3. 动作不停，我方右手松脱敌腕，并剑指向前弧形点击敌方头部左侧太阳穴。（图3-4）

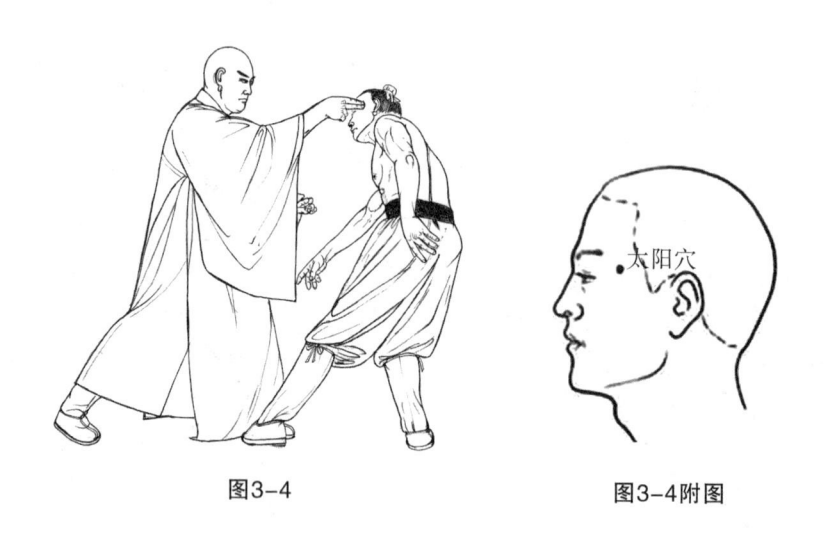

图3-4

图3-4附图

【穴位】

太阳穴在耳廓前面，前额两侧，外眼角延长线的上方。

太阳穴，在中医经络学上被称为"经外奇穴"，也被武术列为"死穴"之一。

【症状】

两阳一受伤，瘀血流不畅。
头痛胜刀劈，履虚步难行。
七日不为治，性命送无常。

二、虎爪抓心（锁心穴）

【用法】

1. 敌方左脚前移步，右脚上一步踩踏我方左脚背之际，右拳击打我方面部。我方迅疾右脚退步，左脚屈膝提离地面，避过敌脚踩踏；同时，左手按住敌右前臂并向外勾拨。（图3-5）

图3-5

2. 随即，我方左脚向敌方右脚内侧落步，左手抓住敌右腕向左侧牵带，右手剑指点击敌前胸锁心穴。（图3-6）

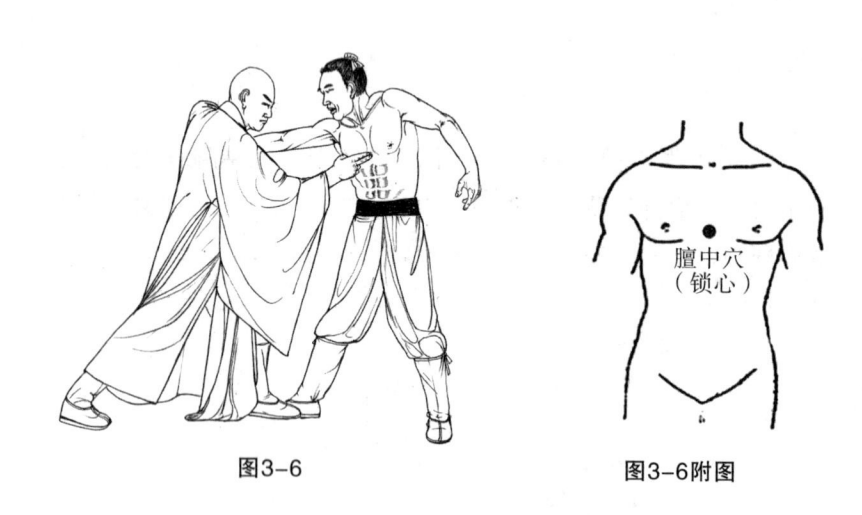

图3-6

图3-6附图

【穴位】

锁心穴，即膻中穴，在胸部前正中线上，平第4肋间，两乳头连线之中点。

经属任脉，是足太阴、少阴，手太阳、少阳，任脉之会。气会膻中，心包募穴。

【症状】

穴名锁心，心竟被锁。
命脉动摇，七日难过。

三、童子挖耳（洪堂穴）

【用法】

1. 敌方右脚上步进身，右拳向我方面部击打。我方右脚上步，身右偏避过敌拳锋芒之际，右手格抓敌方右腕外侧。（图3-7）

图3-7

2. 右手抓住敌右腕向下牵拉，左脚上步于敌方右脚后侧，同时，左手剑指点击敌左耳后洪堂穴。（图3-8）

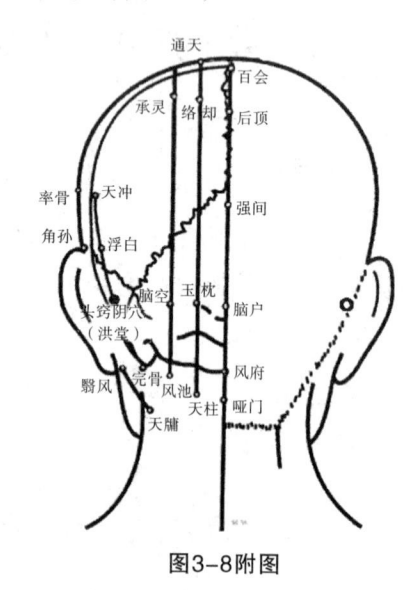

图3-8

图3-8附图

【穴位】

洪堂穴，即头窍阴穴。

头窍阴穴，别名枕骨，属足少阳胆经，是少阳、太阳之会。在头部耳后乳突基部后上方凹陷处，当天冲与完骨的中3分与下3分交点处。

【症状】

挖耳仙童，降妖伏魔。
震动脑髓，撩起五火。
牙关为咬，午夜难过。

四、二龙抢珠（井池穴）

【用法】

1. 敌方左脚前移步，右脚上步进身，右拳击打我方面部。我方右脚退步，沉身、上挑左掌，格挡敌方右前臂内侧。（图3-9）

图3-9

2. 左掌旋腕扣指，抓住敌方右前臂并向左后带，右脚上步别于敌方右腿后侧，同时，右手剑指向前插击敌右侧井池穴。（图3-10）

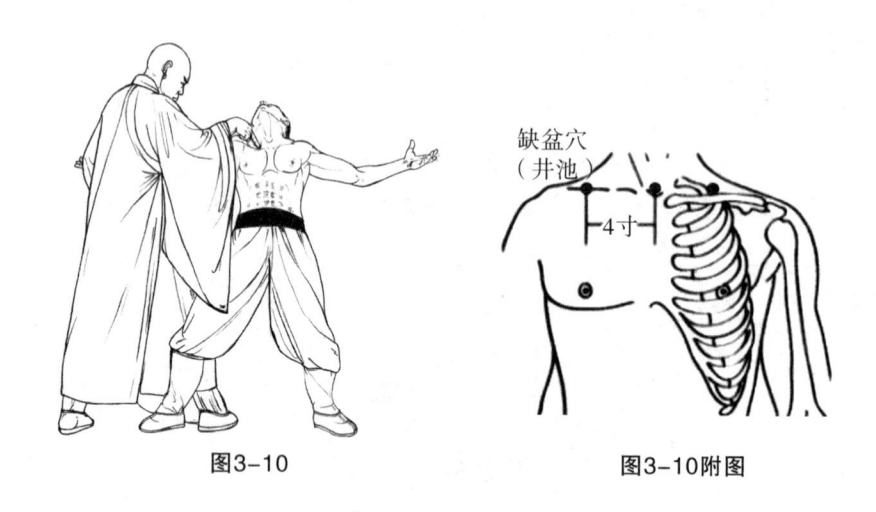

图3-10

图3-10附图

【穴位】

井池穴，即缺盆穴，亦名天盖，属足阳明胃经。缺盆穴位于人体的锁骨上窝中央，距前正中线4寸。有颈阔肌，肩胛舌骨肌；上方有颈横动脉；布有锁骨上神经中支，深层正当肩丛的锁骨上部。

【症状】

为伤在肩井，伤透不可医。
如彼常呼痛，速进活血宜。

五、金锁封喉（痰宁穴）

【用法】

1. 敌方右脚上步之际，左脚向前跨上一步进身，左拳击打我方面部。我方右脚退一步，上体左转旋身避敌左拳锋芒之际，右掌棱格击敌左前臂外侧。（图3-11）

图3-11

2．随即，我方右掌顺着敌左臂下压外拦，同时，右脚垫步，左脚跨进敌方裆前，左手剑指插击敌颈痰宁穴。（图3-12）

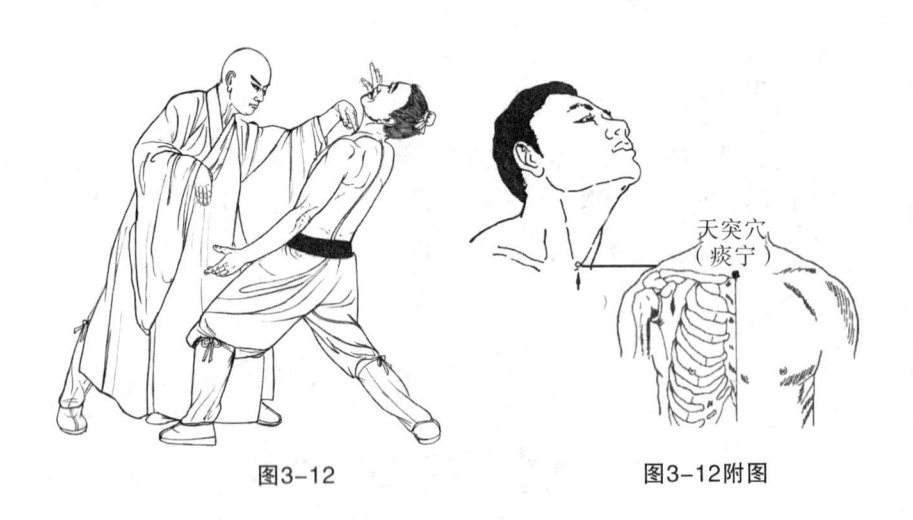

图3-12

图3-12附图

【穴位】

痰宁穴，即天突穴。天突穴归属任脉，位于人体颈部，当前正中线上，两锁骨中间，胸骨上窝中央，胸骨切迹中央，左、右胸锁乳突肌之间，深层为胸骨舌骨肌和胸骨甲状肌；皮下有颈静脉弓，甲状腺下动脉分支，深部为气管，向下胸骨柄后方为无名静脉及主动脉弓；布有锁骨上神经前支深部神经。

【症状】

左手痰宁，气管下许。
一为点伤，气喘血瘀。

六、达摩敬香（气管穴）

【用法】

1. 敌方右脚上步，左脚向前跨上一步进身，同时，左拳向我方腹部击打。我方右脚退步，上体右转偏身避敌左拳锋芒之际，左掌拍按敌左拳背，向下推开。（图3-13）

图3-13

2. 随即，我方右掌抓住敌方左拳腕部，向右牵带；同时，左手剑指击点敌方气管穴。（图3-14）

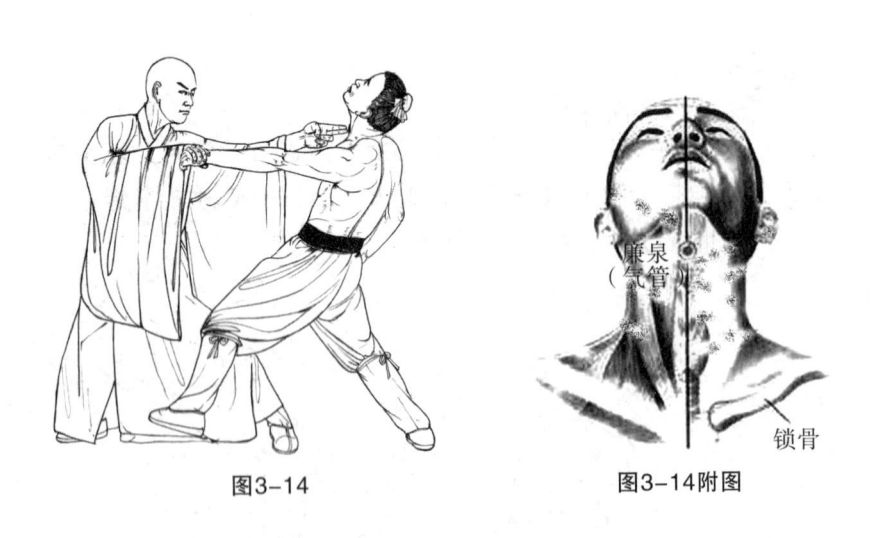

图3-14

图3-14附图

锁骨

【穴位】

气管穴，即廉泉穴。廉泉穴是任脉、阴维脉交会穴，位于人体的颈部，当前正中线上，结喉上方，舌骨上缘凹陷处。在颈部正中线与喉结正上方横皱纹交叉处。

【症状】

气管赖行气，食管赖输食。
今如伤其一，生命亡在即。

七、一指点心（捉命穴）

【用法】

1. 敌方右脚上步，左脚向前跨进一步，同时，左拳横击我方头部右侧。我方双脚迅疾前后跳开，上体右转，上扬双手阻截敌方左前臂内侧。（图3-15）

图3-15

2. 随之，敌方右拳横扫我头部左侧而来。我方体略沉，左旋体，左掌外转，格阻敌右前臂内侧。（图3-16）

图3-16

3. 动作不停，我方双掌用劲向前外推开敌双臂，随即两掌变剑指，向前插击敌方左右捉命穴。（图3-17）

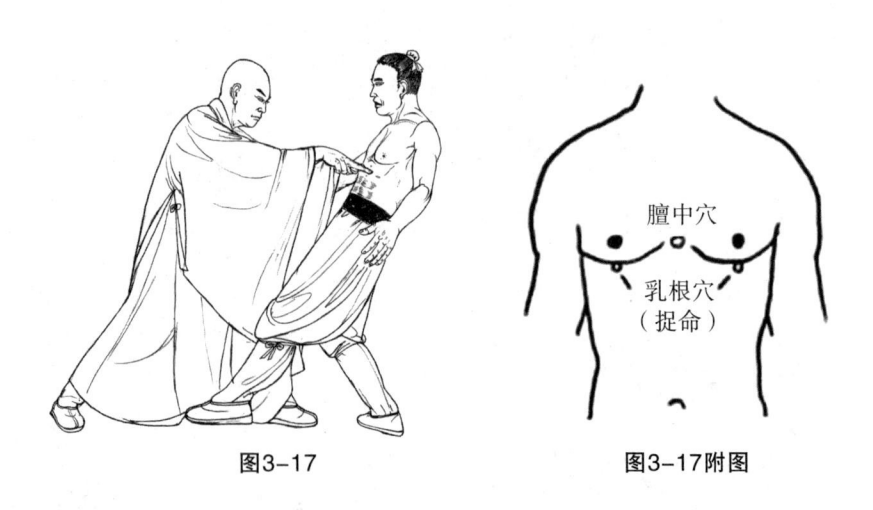

图3-17

图3-17附图

膻中穴
乳根穴
（捉命）

【穴位】

捉命穴，即乳根穴。乳根穴是足阳明胃经穴位，位置在乳头直下，乳房根部，当第5肋间隙，距前正中线4寸。位于第5肋间隙，胸大肌下部，深层有肋间内、外肌；有肋间动脉，胸壁浅静脉；有第5肋间神经外侧皮支，深层为肋间神经干。

【症状】

点心一指，命捉穴中。
点来四指，性命之穷。
欲思挽回，服药可行。

八、罗汉搭衣（肺苗穴）

【用法】

1. 敌方左脚前移步，右脚跨步进身，同时，右拳击打我方胸部。我方左脚退后一步，同时，左手抓压住敌方右拳腕部。（图3-18）

图3-18

2. 随后，左手抓住敌方右腕向左外侧牵拉开之际，右手剑指点击敌方左胸前肺苗穴。（图3-19）

图3-19

3. 动作不停，我方左手剑指点击敌右胸肺苗穴。（图3-20）

图3-20

第三章 达摩十二点穴手（十二势）

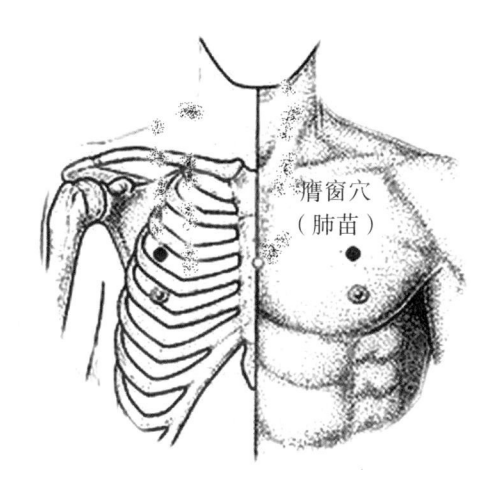

图3-20附图

【穴位】

肺苗穴，即膺窗穴，属足阳明胃经。本穴位处乳之上侧，底部有孔隙通道与胸腔内部相通，如胸腔与体表间气血物质交流的一个窗口，故名膺窗。在胸部，当第3肋间隙，距前正中线4寸，布有胸前神经分支及胸外侧动、静脉。

【症状】

胸前肺苗乳上生，打伤疼痛实难宁。
三日发喘身未热，二七难过命归阴。

九、达摩拔剑（锁腰穴）

【用法】

1. 敌方左脚上步进身，左拳击打我方胸部。我方左脚迅疾退步，左手向前下压，以左前臂阻截敌左前臂上侧。（图3-21）

图3-21

2. 随即，左掌外旋扣住敌左腕，并向左外侧牵带，同时，右脚上步于敌方左脚跟后侧之际，右手剑指戳击敌方左侧锁腰穴。（图3-22）

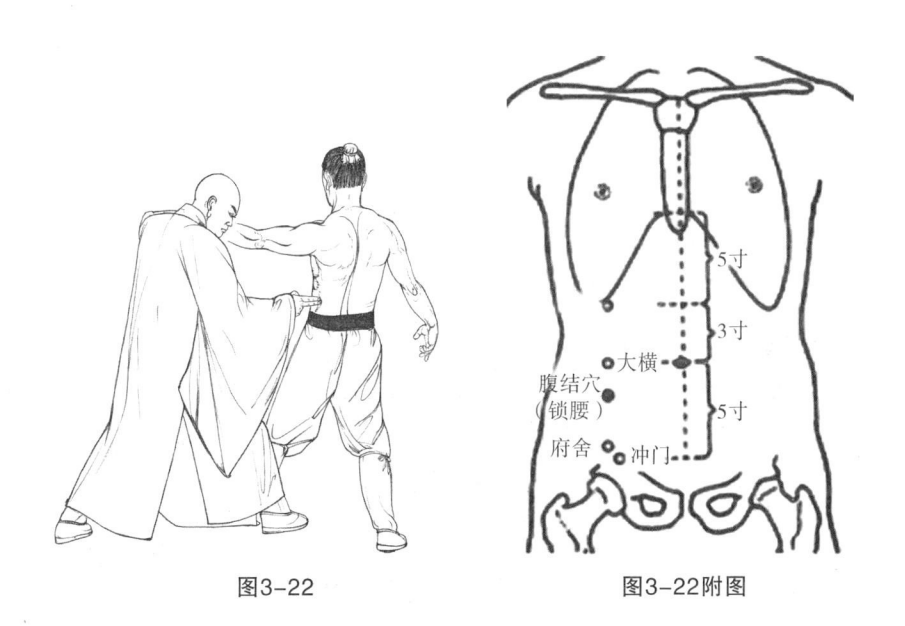

图3-22

图3-22附图

【穴位】

锁腰穴，即腹结穴，属足太阴脾经。在下腹部，大横下1.3寸，距前正中线4寸。在腹内、外斜肌及腹横肌肌部；有第11肋间动、静脉；布有第11肋间神经。

【症状】

锁腰两穴用此招，若伤发热命夭亡。
待等三日还没死，速送医院把药尝。

十、伏虎撩阴（肚筋穴）

【用法】

1．敌方右脚上步进身，右拳击打我方胸部。我方屈膝沉身，右手接住敌方右腕，左掌按压敌方右前臂。（图3-23）

图3-23

2．随即，我方左手剑指顺着敌方右前臂之上向前穿出，戳击敌方右腹侧肚筋穴。（图3-24）

图3-24

3. 动作不停，右手剑指紧跟而出，点击敌腹部左侧肚筋穴。（图3-25）

图3-25

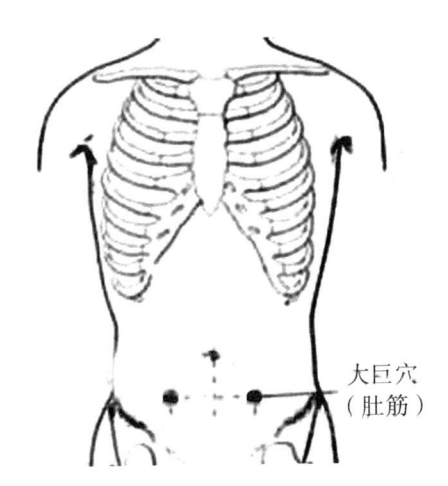

大巨穴
（肚筋）

图3-25附图

【穴位】

肚筋穴，即大巨穴，属足阳明胃经。位于人体下腹部，从肚脐到耻骨上方画一线，将此线五等分，每份为1寸（即"同身寸"）。从肚脐往下两寸（即石门穴）再向左右2寸（约三横指宽）处，即为大巨穴，别名腋门穴、液门穴。

【症状】

肚筋一穴来受伤，急请华佗开药方。
伤后不医眼翻上，六七日内命必亡。

十一、达摩插剑（吊筋穴）

【用法】

1. 敌方左脚前移步，右脚上步进身，右拳击打我方面部。我方迅疾后退右脚一步，上身左旋，右掌向上拦斫敌右前臂内侧，阻截住敌拳的击打。（图3-26）

图3-26

第三章 达摩十二点穴手(十二势)

2. 随即,我方左手剑指向前下插出,戳击敌方腹右侧吊筋穴。(图3-27)

图3-27

3. 动作不停,右手剑指紧跟而出,戳击敌腹左侧吊筋穴。(图3-28)

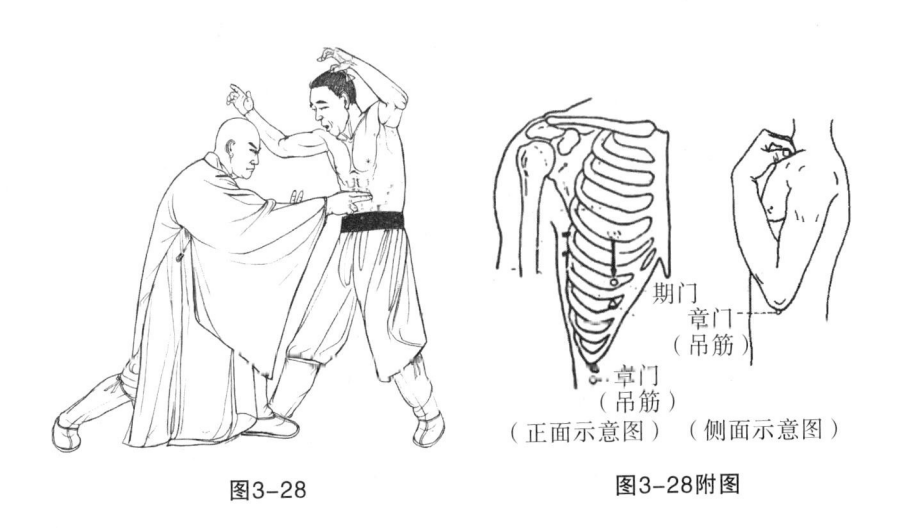

图3-28

图3-28附图

期门
章门
(吊筋)
章门
(吊筋)
(正面示意图)　(侧面示意图)

【穴位】

吊筋穴，即章门穴，属足厥阴肝经。章门穴在腋中线，第1浮肋前端，屈肘合腋时肘尖正对的地方就是。章门穴，别名长平、季肋。

【症状】

吊筋一穴乳下生，全身筋缩不能伸。
只怕七日最难过，宽筋活血散快饮。

十二、童子拜佛（挖心穴）

【用法】

1. 敌方左脚前移步，右脚上步进身，右拳击打我方面部。我方右脚退步，上身略仰；同时，左手上提，用前臂外侧拦格敌方右前臂内侧并向外裹化。（图3-29）

图3-29

2. 随即，我方双掌向前合十穿出，用掌尖戳击敌方胸口挖心穴。（图3-30）

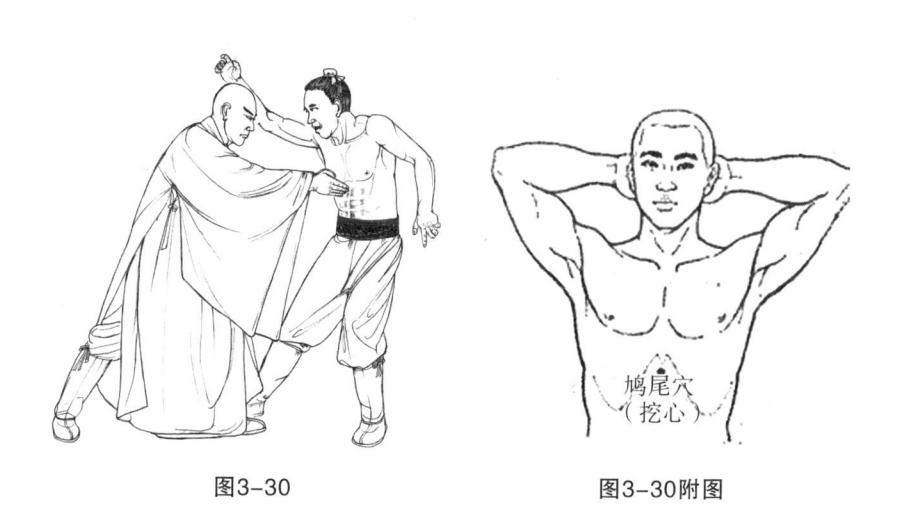

图3-30

图3-30附图

【穴位】

挖心穴，即鸠尾穴，属任脉，系任脉之络穴。位于人体的心窝正下方，最底下肋骨稍下处，脐上7寸，剑突下半寸。

【症状】

锁心穴，令人惊。
着两指，痛不胜。
如近心，防血淋。
血不散，把药进。

第四章

罗汉点穴十八手（十八势）

少林罗汉门，为少林派一大主流。其点穴乃为罗汉拳融入"少林铜人穴谱"演化而成，这里介绍十八穴点打法，以供同道参考。

穴位图。（图4-1、图4-2）

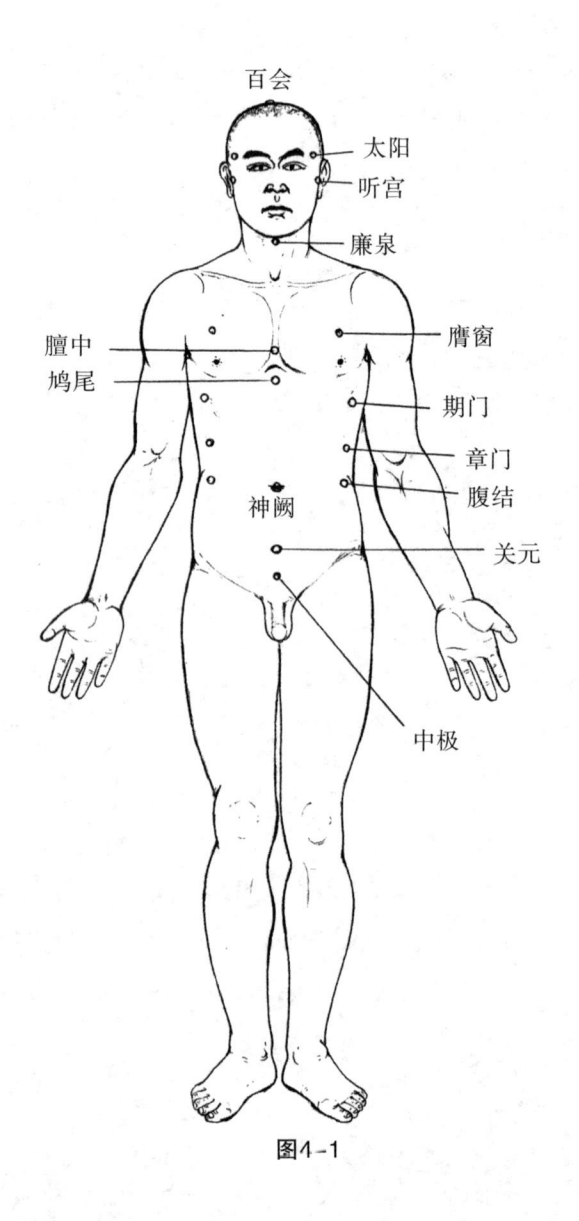

图4-1

第四章 罗汉点穴十八手（十八势）

百会
脑户
头窍阴

灵台

命门

图4-2

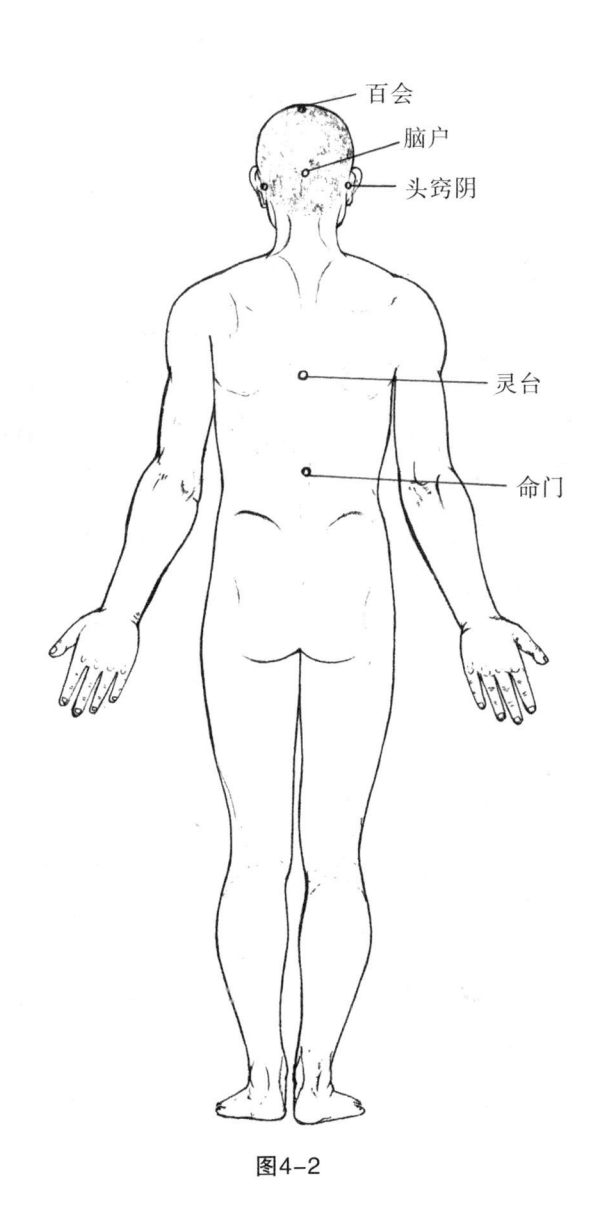

161

一、金钩挂环（脑户穴）

【用法】

1. 敌方滑步进身，左拳击打我方面部。我方迅疾后滑步避敌拳锋芒之际，两掌上起，用左前臂格敌左前臂外侧，化解敌拳攻击。（图4-3）

图4-3

2. 随即，我方左掌外划，拿住敌方左腕，同时，右脚上步于敌左脚外侧，左转身，右上臂旋格敌左上臂外侧，使敌向我方左侧前扑。（图4-4）

图4-4

第四章　罗汉点穴十八手（十八势）

3. 动作不停，我方右手旋转上翻，鸡心捶击敌头后脑户穴。（图4-5）

图4-5

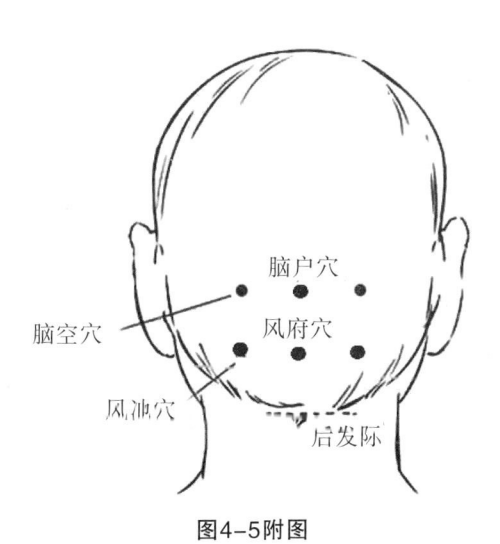

图4-5附图

脑户穴
脑空穴　风府穴
风池穴
后发际

163

【穴位】

脑户穴，督脉、足太阳膀胱经之会。位于人体的头部，后发际正中直上2.5寸，风府穴上1.5寸，枕外隆凸的上缘凹陷处。在左右枕骨肌之间；有左右枕动、静脉分支，深层藏有血管；布有枕大神经分支。

二、返身戳掌（关元穴）

【用法】

1. 敌方左脚前移步，右脚向前跨上一大步，左掌插击我方面部。我方旋即后滑步，沉身下坐成左虚步；同时，右掌上托敌左前臂下侧，阻截敌掌攻击。（图4-6）

图4-6

2. 随即，我方右掌托住敌左臂前推，右脚上步踏入敌方洪门，左拳击打敌方胸部。敌方后滑步之际，左掌心抵住我左拳面，右掌拍我左肘外侧，卸去我方攻击力。（图4-7）

图4-7

3. 敌方趁机右拳冲我面部。我方迅疾左转身，左拳变掌向左划拦敌方右拳。（图4-8）

图4-8

4. 动作不停，左脚收步，沉身下坐；同时，右手剑指向下反穿，点击敌小腹关元穴。（图4-9）

【穴位】

关元穴是任脉的穴位。其位于脐下3寸处。是男子藏精之所。

图4-9

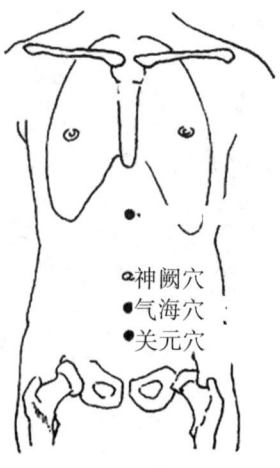

神阙穴
气海穴
关元穴

图4-9附图

三、顺水推舟（廉泉穴）

【用法】

1. 敌方左脚前移步，右脚向前跨上一大步，右拳击打我方胸部。我方迅疾向后滑退半步，左脚向后撤一大步；同时，两掌前推阻截敌右前臂，使敌拳力失效。（图4-10）

图4-10

2.随即,右掌贴着敌右臂转指旋腕,拦于敌右腕外侧,同时,左脚上步于敌方右脚内侧,左掌拍推敌右上臂外侧。(图4-11)

图4-11

3.动作不停,我方左掌按住敌方右上臂,向前下滑推,右手剑指插出,点击敌方喉结上之廉泉穴。(图4-12)

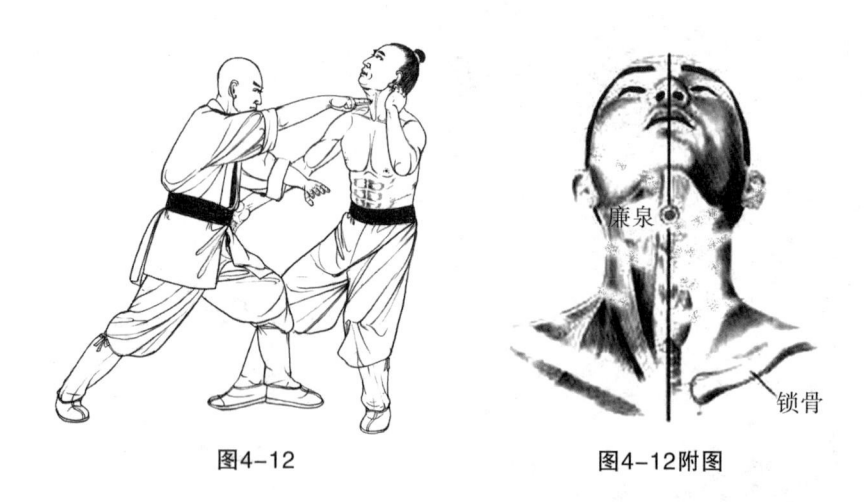

图4-12

图4-12附图

【穴位】

廉泉穴，是任脉、阴维脉交会穴。位于人体的颈部，当前正中线上，结喉上方，舌骨上缘凹陷处。在颈部正中线与喉结正上方横皱纹交叉处。在甲状软骨和舌骨之间，深部为会厌，下方为喉门，有甲状舌骨肌、舌肌；有颈前浅静脉，甲状腺上动、静脉；布有颈皮神经，深层有舌下神经分支。

四、回身削肋（章门穴）

【用法】

1. 敌方滑步进身，左掌击打我方面部。我方迅疾向后滑步，沉身下坐成左虚步；同时，右掌上挑，用右腕侧格敌左前臂内侧，化解敌掌攻击。（图4-13）

图4-13

2. 随即，左脚前移步于敌方左脚外后侧，前弓步，左手剑指戳击敌方左章门穴。（图4-14）

图4-14

3. 动作不停，我方沉身右转一周，成左倒插步；同时，右手剑指再度点击敌左章门穴。（图4-15）

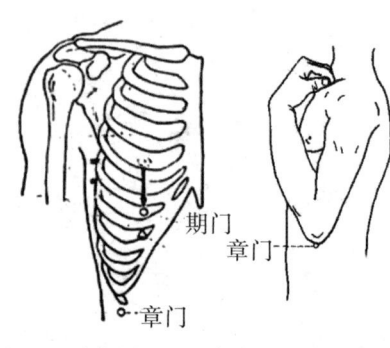

图4-15

（正面示意图）　（侧面示意图）

图4-15附图

第四章　罗汉点穴十八手（十八势）

【穴位】

章门穴，属于足厥阴肝经。在腋中线，第1浮肋前端，屈肘合腋时肘尖正对的地方就是。章门穴，别名长平、季肋。有腹内、外斜肌及腹横肌；有肋间动脉末支；布有第10、11肋间神经；右侧当肝脏下缘，左侧当脾脏下缘。

五、白鹤亮翅（膻中穴）

【用法】

1. 敌方滑步进身，右掌推击我方面部。我方迅疾向后滑步，避敌锋芒之际，沉身下坐成左虚步；同时，左掌上托，用左前臂外侧拦格敌右前臂内侧，阻截敌掌攻击。（图4-16）

图4-16

2. 动作不停，我方左臂贴住敌臂旋滚，向外推开敌左臂，同时，右脚跨步踏入敌方洪门，右手剑指直戳敌方胸前膻中穴。（图4-17）

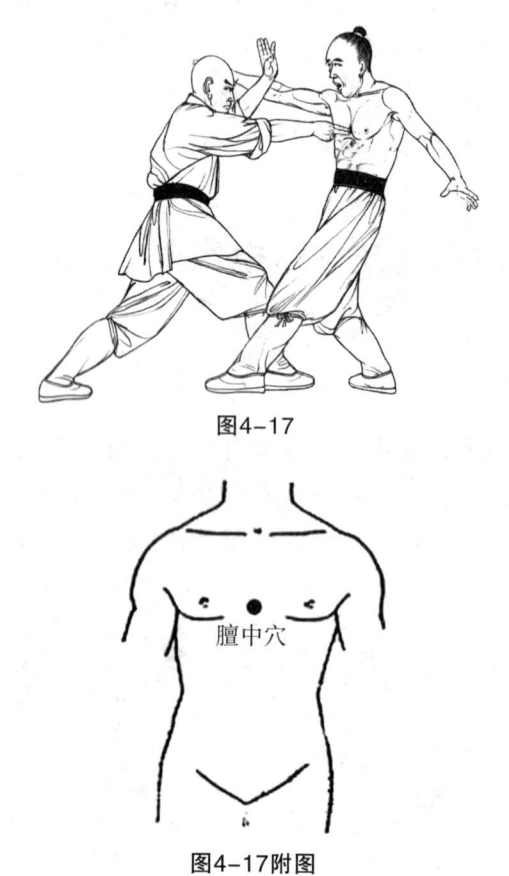

图4-17

图4-17附图

【穴位】

膻中穴，经属任脉，是足太阴、少阴，手太阳、少阳，任脉之会。气会膻中，心包募穴。在胸部前正中线上，平第4肋间，两乳头连线之中点。

六、马步横肘（鸠尾穴）

【用法】

1. 我方滑步进身，左掌前插敌咽喉。敌方后滑步避躲之际，左挑手拦格我方左腕外侧，阻截我方攻击。（图4-18）

图4-18

2. 我方左掌外旋，贴住敌左臂向外化劲，右脚上步于敌方左腿后侧，上体左旋缩体。（图4-19）

图4-19

3. 动作不停，我方右肘向前顶出，撞击敌方胸前鸠尾穴。（图4-20）

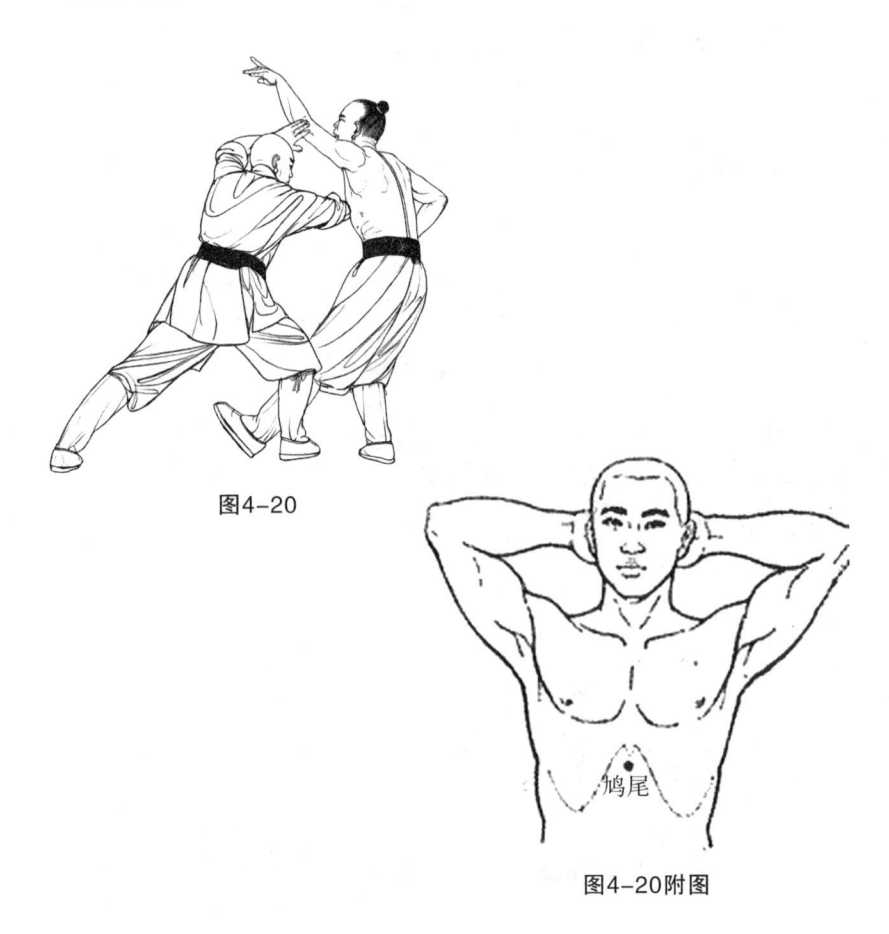

图4-20

图4-20附图

【穴位】

鸠尾穴，属任脉，系任脉之络穴。位于脐上7寸，剑突下半寸。击中后，冲击腹壁动、静脉及肝、胆，震动心脏，血滞而亡。

七、抽身点肋（期门穴）

【用法】

1. 敌方左脚前移步，右脚向前跨上一大步，左拳击打我方面部。我方迅疾向后滑步，左脚向后撤退一步，成右虚步；同时，左掌上挑，掌背拦格于敌左腕外侧，化解敌拳攻击。（图4-21）

图4-21

2. 随即，我方左掌黏住敌左腕向左外后侧上方牵带。（图4-22）

图4-22

3. 动作不停，我方右脚上步，成右弓步；同时，右手剑指插击敌方左侧期门穴。（图4-23）

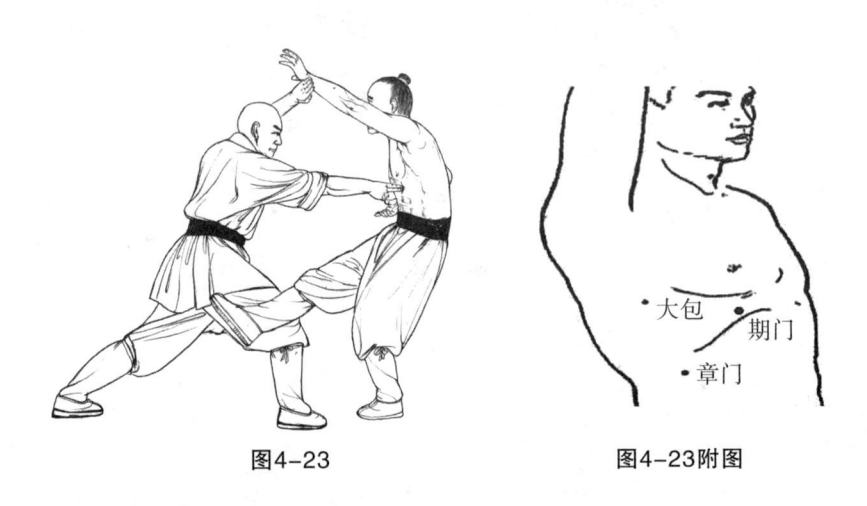

图4-23

图4-23附图

【穴位】

期门穴，属肝经，亦为肝经募穴。位于胸部，当乳头直下，第6肋间隙，前正中线旁开4寸。有腹直肌，肋间肌；有肋间动、静脉；布有第6、7肋间神经。

八、联珠似箭（膺窗穴）

【用法】

1. 我方左脚前移步，右脚向前跨进一大步，右拳击打敌方胸部。敌方后撤左脚一步的同时，左掌拍击我方右拳背，将我攻击阻截。（图4-24）

图4-24

2. 随即，我方左脚抢上一步，左拳击打敌方面部。敌方再次后撤右步，右掌拍击我左拳背。（图4-25）

图4-25

3. 动作不停，我方右脚抢上一步，右掌推击敌胸部。敌方在我方连出三手攻击下，格挡不及，只好吞胸吸腹避我右掌。（图4-26）

图4-26

第四章　罗汉点穴十八手（十八势）

4. 我方右掌旋转成剑指，前插敌左胸前膺窗穴。（图4-27）

图4-27

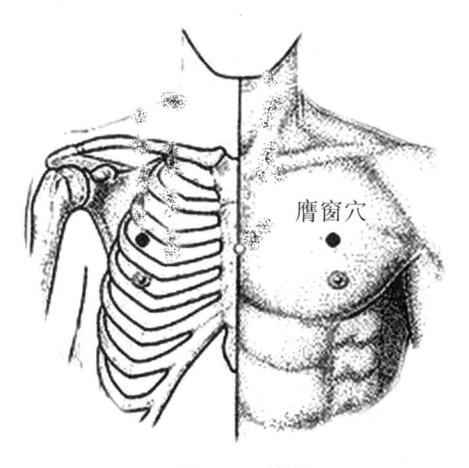

图4-27附图

【穴位】

　　膺窗穴，属足阳明胃经。在胸部，当第3肋间隙，距前正中线4寸，布有胸前神经分支及胸外侧动、静脉。

九、偷步摇山（中极穴）

【用法】

1. 我方左脚前移步，右脚跨上一步，右掌插击敌胸部。敌方左脚迅疾后撤一步，右掌横拦，用掌棱阻截我方右腕外侧，化解我方攻击。（图4-28）

图4-28

2. 敌方一手得势，迅疾滑步进身，左掌扑击我方面部。我方迅疾右脚收步，屈膝沉身下坐成右丁步，躲过敌方右掌攻击。（图4-29）

图4-29

3. 动作不停，我方趁敌左掌旧力略过、新力未生之际，迅疾右脚上步前弓，右手剑指向前插击敌小腹中极穴。（图4-30）

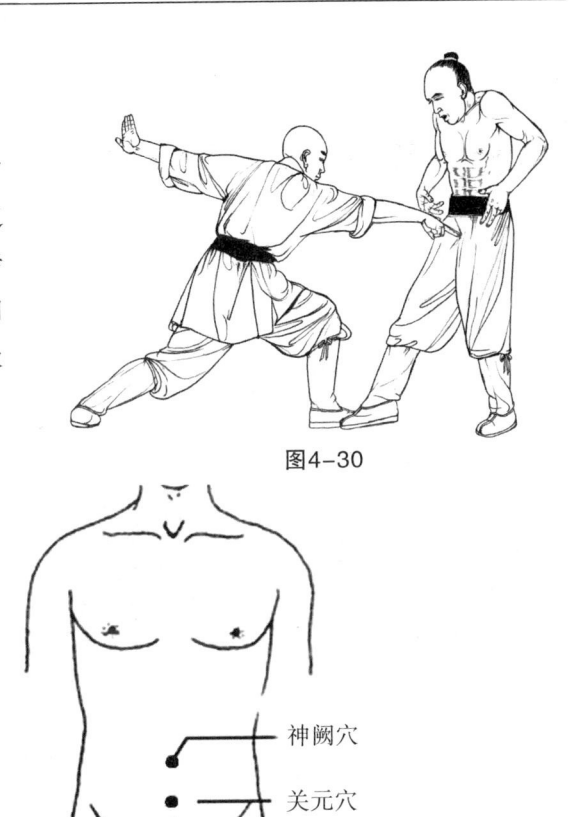

图4-30

图4-30附图

【穴位】

中极穴，属任脉，系足三阴、任脉之会，膀胱之募穴。位于下腹部，前正中线上，当脐中下4寸。在腹白线上，深部为乙状结肠；有腹壁浅动、静脉分支，腹壁下动、静脉分支；布有髂腹下神经的前皮支。击中后，冲击腹壁动、静脉和神经，震动乙结肠，伤气机。

十、顺手牵羊（极泉穴）

【用法】

1．敌方左脚前移步，右脚向前跨上一大步，左掌推击我方面部。我方迅疾屈膝沉身，右膝下跪，避过敌掌锋芒之际，左掌上戳敌方左胁。（图4-31）

图4-31

2．随即，我方左掌向左外划，拦开敌左臂；同时，右手剑指上穿，点击敌腋下极泉穴。（图4-32）

图4-32

3. 动作不停，敌方极泉穴被点，半身麻痹之际，我方左脚踩击敌右前胫，右掌压敌左上臂外侧，将敌向左侧摔出。（图4-33）

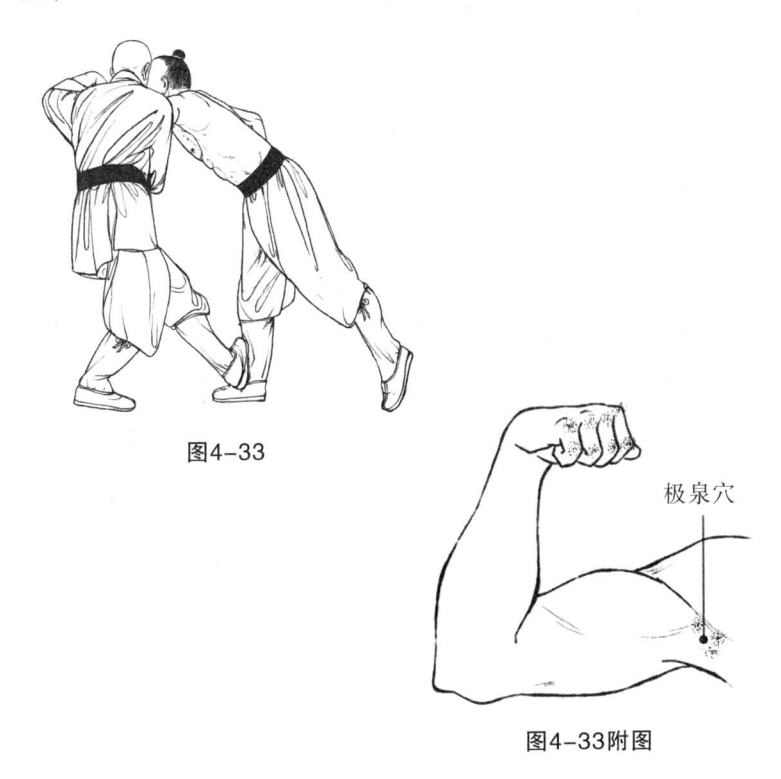

图4-33

图4-33附图

【穴位】

极泉穴，属手少阴心经，位于腋窝顶点，腋动脉搏动处。在胸大肌的外下缘，深层为喙肱肌；外侧为腋动脉；布有尺神经、正中神经、前臂内侧皮神经及臂内侧皮神经。腔内除大量的脂肪（内含有淋巴结及其相连的淋巴管）外，围绕腋动脉有臂丛神经的三个束及其五条支配上肢肌的终支。

十一、拧身双击（腹结穴）

【用法】

1. 敌方滑步进身，左扭身，右拳击打我方面部。我方向后滑退半步，沉身避敌拳锋芒之际，左掌上格敌右肘内侧，化解敌拳攻击。（图4-34）

图4-34

2. 随即，我方右手剑指向前插出，击点敌方左腹侧腹结穴。（图4-35）

图4-35

第四章 罗汉点穴十八手（十八势）

3.动作不停，我方右脚侧弹而出，用脚尖踢击敌方左侧腹结穴。（图4-36）

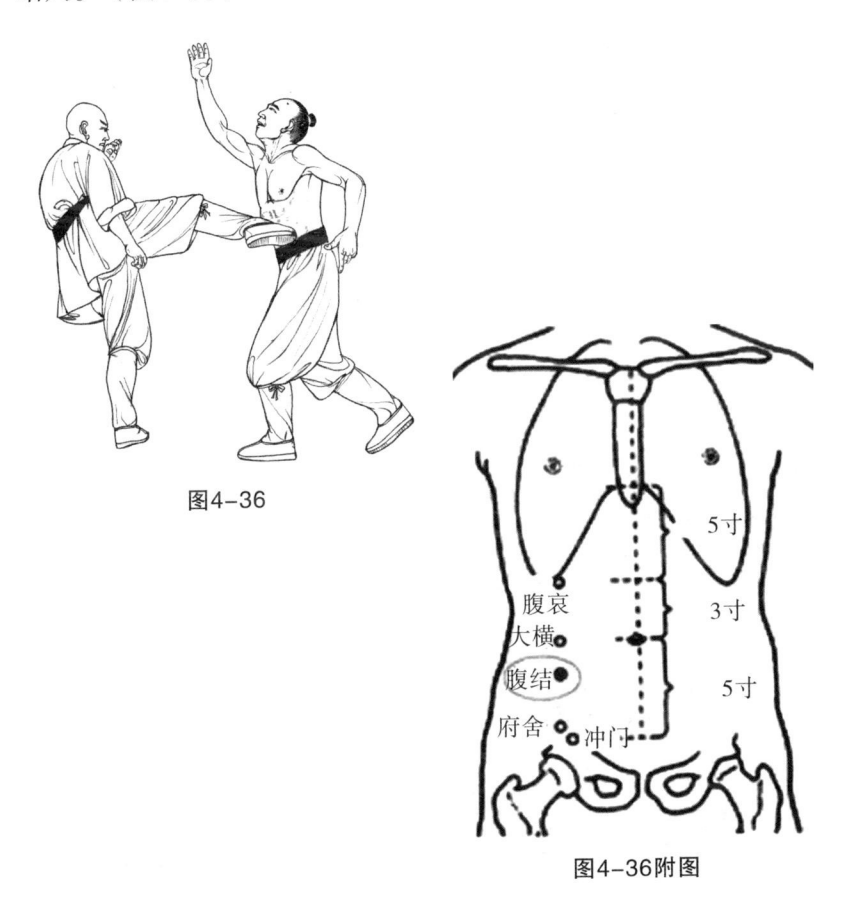

图4-36

图4-36附图

【穴位】

腹结穴，属足太阴脾经。在下腹部，大横下1.3寸，距前正中线4寸。在腹内、外斜肌及腹横肌肌部；有第11肋间动、静脉；布有第11肋间神经。

十二、滚臂盖帽（风池穴）

【用法】

1. 敌方左脚前移步，右脚向前跨上一大步，右掌扑击我方面部。我方迅疾向后滑步，左脚后撤一大步，避过敌掌锋芒之际，右掌上抬，用右前臂外侧弹格敌右前臂外侧。（图4-37）

图4-37

2. 随即，我方滑步进身，左掌前拦敌右臂内侧，右掌下落，用掌背甩击敌裆部。（图4-38）

图4-38

3. 动作不停,在敌方裆部受击惊愕之际,我方左脚迅疾上步于敌方右腿后侧,右转身,左掌拍敌后脑,同时用拇指扣击敌头顶风池穴。(图4-39)

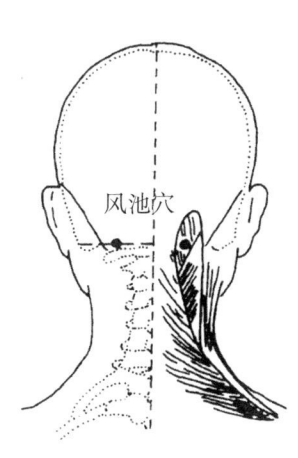

图4-39

图4-39附图

【穴位】

风池穴,属足少阳胆经,也是足少阳、阳维之会穴。位于颈部,当枕骨之下,与风府穴相平,胸锁乳突肌与斜方肌上端之间的凹陷处。在胸锁乳突肌与斜方肌上端附着部之间的凹陷中,深层为头夹肌;有枕动、静脉分支;布有枕小神经之支。

十三、双峰贯耳（听宫穴）

【用法】

1. 敌方滑步进身，左掌劈击我方面部。我方后滑步避敌掌锋芒之际，左掌上扬旋格敌左腕内侧。（图4-40）

图4-40

2. 敌方前滑步，左臂屈肘前顶我方胸部。我方迅疾后滑步，两手收至胸前，掌心抵住敌方左肘尖，向前上推送，阻截敌肘攻击。（图4-41）

图4-41

第四章 罗汉点穴十八手（十八势）

3. 动作不停，我方两掌猛力下按敌左肘，左脚进步，两掌抖劲成凤眼捶，向前夹击敌左右听宫穴。（图4-42）

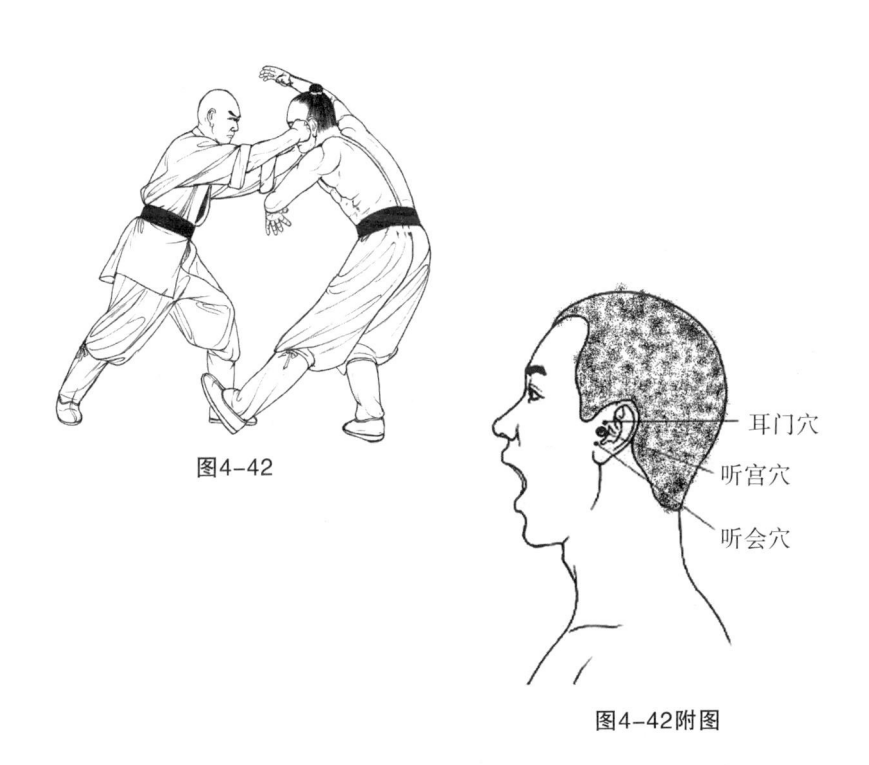

图4-42

图4-42附图

【穴位】

听宫穴，属手太阳小肠经，也是手、足少阳与手太阳经交会穴。位于面部、耳屏前、下颌骨髁状突的后方，张口时呈凹陷处，耳珠平行缺口凹陷中，耳门穴的稍下方即是。依次为皮肤、皮下组织、外耳道软骨，布有面神经及三叉神经的第3支的耳颞神经，颞浅动、静脉的耳前支或属支等结构。

十四、卧心撒膀（太阳穴）

【用法】

1. 敌方左脚前移步，右脚向前跨上一大步，右掌横扫我方头部。我方迅疾向后滑退半步，左脚向后撤退一步，沉身下蹲避过敌掌锋芒。（图4-43）

图4-43

图4-44

2. 随即，我方左脚向前跨上一步，同时，左肘顶击敌方心口。敌方右脚收步仰身之际，双掌相并阻截我左肘尖。（图4-44）

3. 动作不停，我方左臂伸肘，剑指反划点击敌左侧太阳穴。（图4-45）

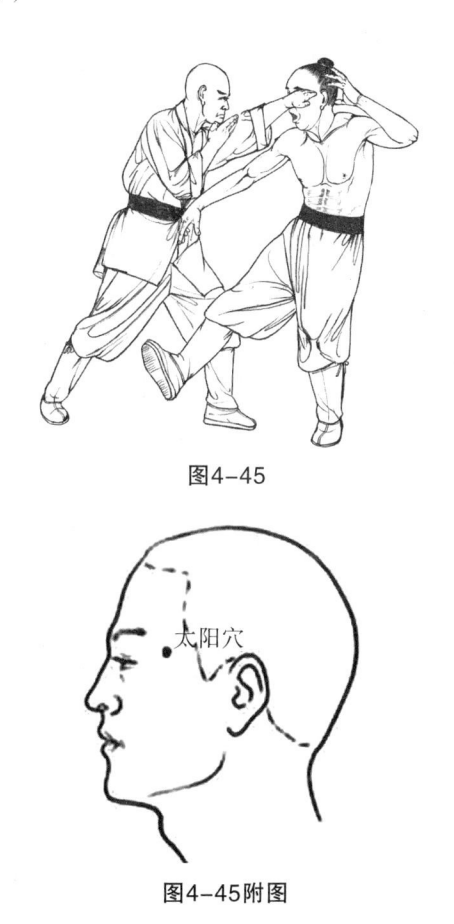

图4-45

图4-45附图

【穴位】

太阳穴，为"经外奇穴"。在耳廓前面，前额两侧，外眼角延长线的上方。是武术"死穴"之一。现代医学证明，打击太阳穴，可使人短暂晕倒或造成脑震荡，使人意识丧失。

十五、扇掌砸脊（灵台穴）

【用法】

1. 我方滑步进身，右掌劈击敌头部。敌方右偏头，避过我方右掌攻击。（图4-46）

图4-46

2. 随即，敌方左臂前架，推格我方左前臂，上架于头顶之上。（图4-47）

图4-47

3. 我方右臂猛力下压敌左前臂，勾腕下拉，致敌前俯，同时，我方左肘下砸敌背部灵台穴。（图4-48）

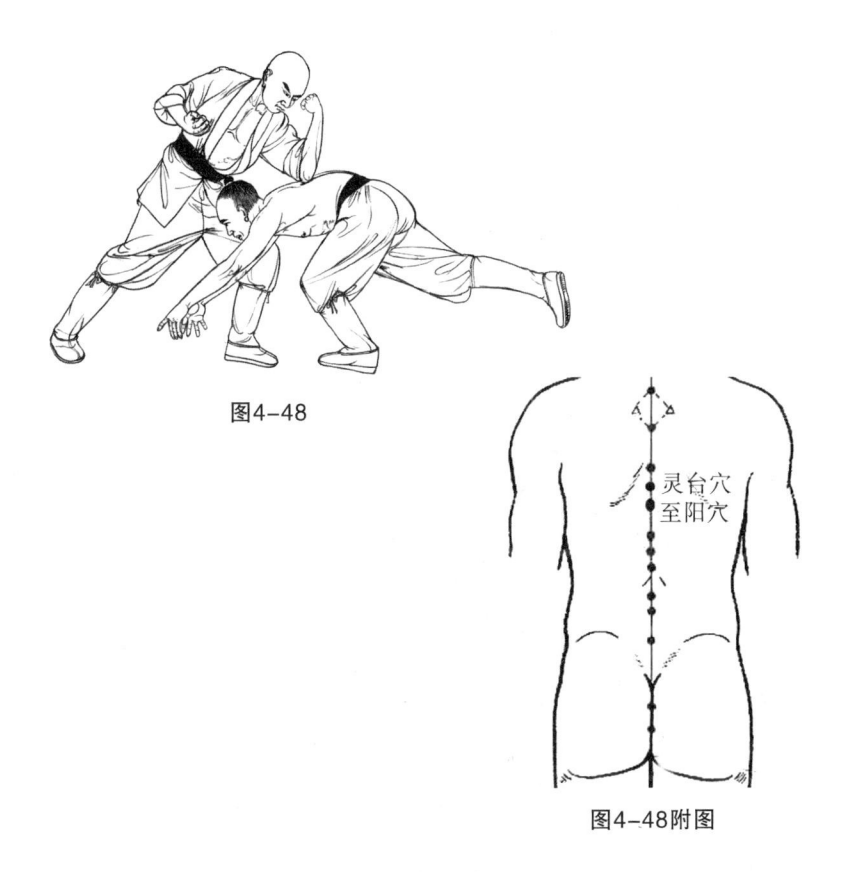

图4-48

图4-48附图

【穴位】

灵台穴，别名肺底，属督脉。在背部，当第6胸椎棘突下凹陷中。布有第6胸神经后支的内侧支和第6肋间动脉后支。有腰背筋膜，棘上韧带及棘间韧带；为第6肋间动脉背侧支，棘间皮下静脉丛分布处；神经有第6肋间神经后支之内侧支行走。

十六、金鸡食米（神阙穴）

【用法】

1. 敌方滑步进身，左掌劈击我方头顶。我方后滑步，沉身下坐成左虚步之际，右掌上托敌左肘关节前侧，使敌掌无法下劈。（图4-49）

图4-49

第四章 罗汉点穴十八手（十八势）

2.随即，我方右掌向前上一推，左脚进步于敌方左脚内侧，右膝沉跪；同时，右掌下落转腕成剑指，插击敌方腹部神阙穴。（图4-50）

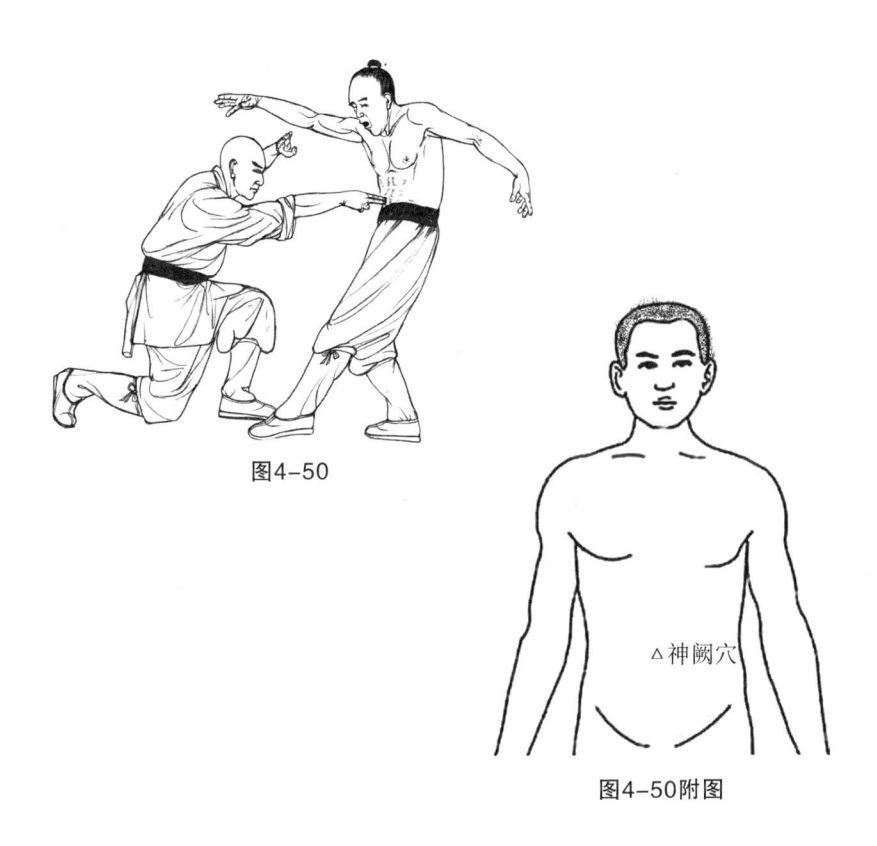

图4-50

图4-50附图

【穴位】

神阙穴，即肚脐，又名脐中，是人体任脉上的要穴。它位于命门穴平行对应的肚脐中。击中后，冲击肋间神经，震动肠管、膀胱，伤气，身体失灵。

十七、罗汉幻影（命门穴）

【用法】

1. 敌方前滑步进身，左拳击打我方面部。我方见敌势猛，右脚向右侧方摆跨闪步，右偏身倾斜，避过敌拳攻击。（图4-51）

图4-51

2. 动作不停，我方上体左旋，左掌上翻反划敌左脚外侧，同时，右脚上步于敌方左脚后侧，右手剑指点击敌腰命门穴。（图4-52）

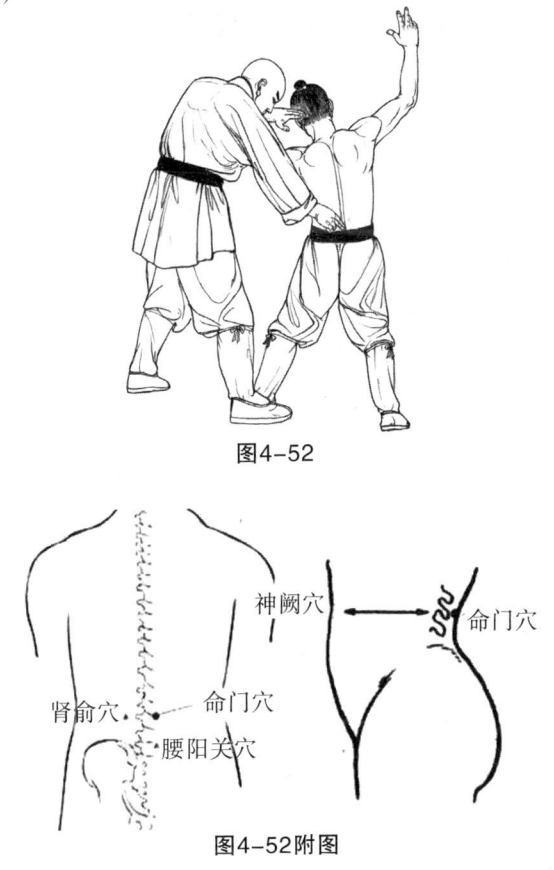

图4-52

图4-52附图

【穴位】

命门穴，属督脉。穴位于腰部，当后正中线上，第2腰椎棘突下凹陷中。在腰背筋膜、棘上韧带及棘间韧带中；有腰动脉后支及棘间皮下静脉丛；布有腰神经后支内侧支。

十八、绕山捶（脑空穴）

【用法】

1. 敌方左脚前移步，右脚向前跨上一大步，右拳击打我方面部。我方迅疾向后撤退左脚一步；同时，右掌上提，用右前臂外侧拦格敌右前臂外侧，向右外格开敌拳。（图3-53）

图4-53

2. 动作不停，我方右掌向右下压，左脚向敌方右外侧方跨步，右转身，左手凤眼捶点击敌方头部右侧头窍阴穴。（图4-54）

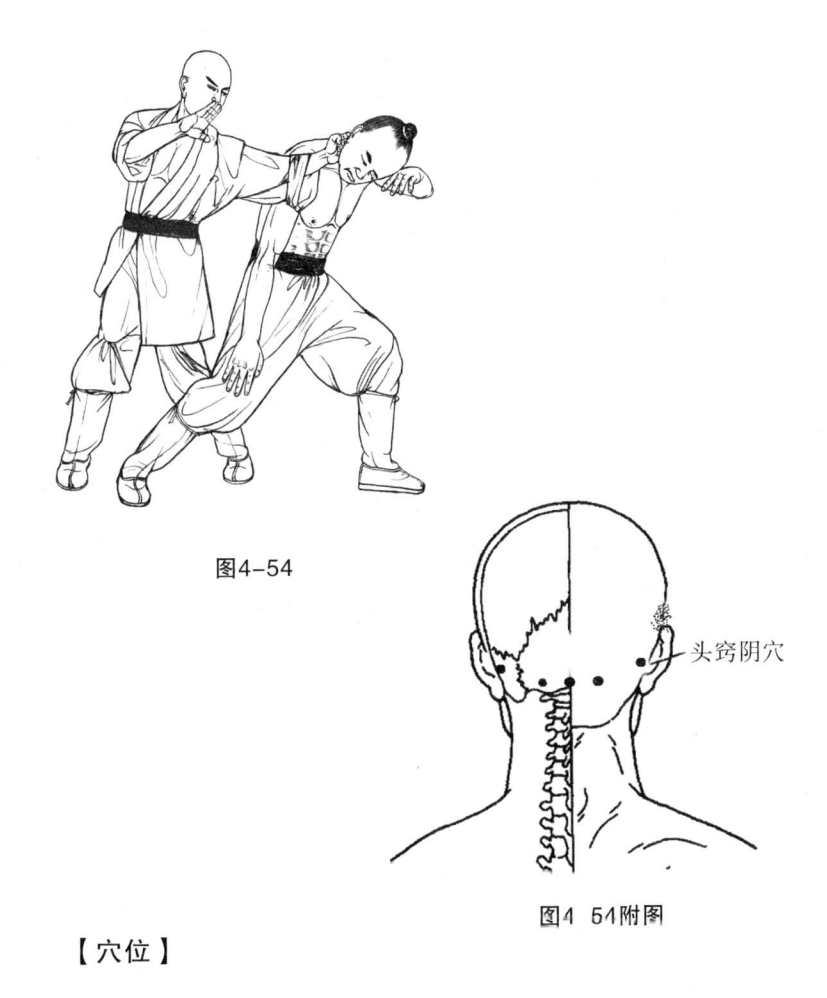

图4-54

头窍阴穴

图4-54附图

【穴位】

头窍阴穴，属足少阳胆经。在头部耳后乳突基部后上方凹陷处，当天冲与完骨所连弧形连线的下1/3折点。

第五章

金刚十二点穴手（十二势）

少林金刚拳，据传源自少林著名武僧僧稠禅师，僧稠学自跋陀大师。

金刚拳的技击术,包含很多点穴招法。在防身时,点打敌方要穴,可起到一招制敌的自卫效用。

穴位图。(图5-1、图5-2)

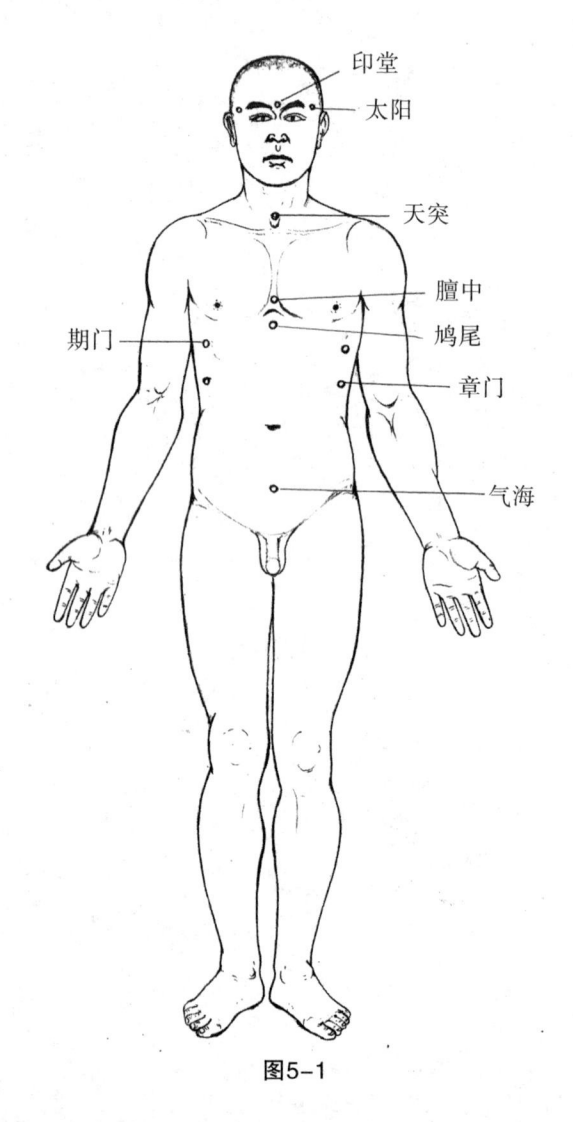

图5-1

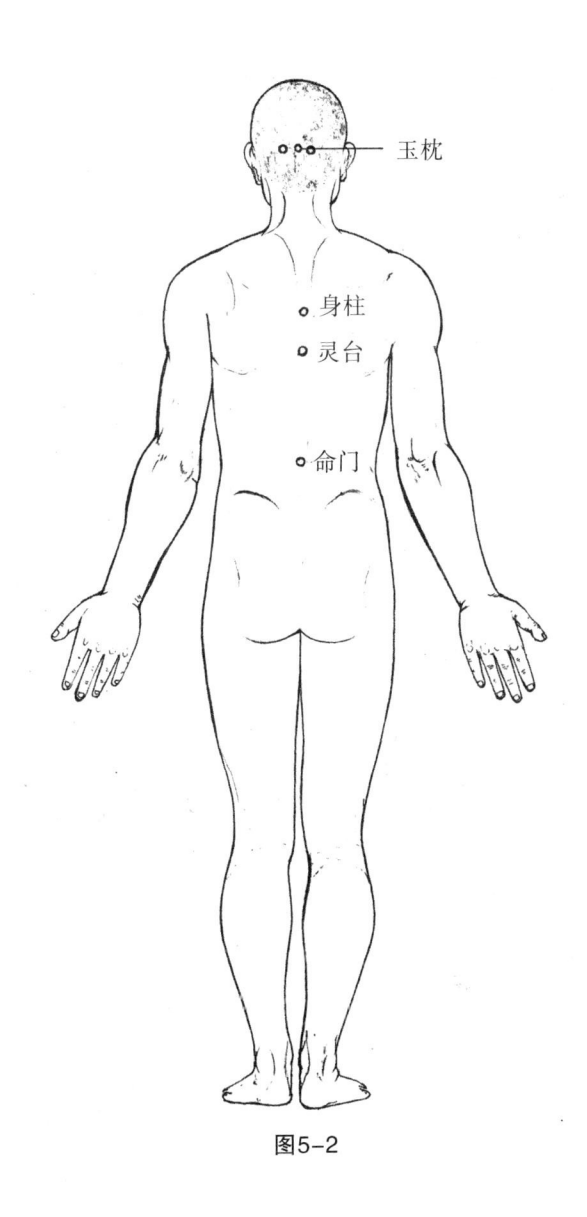

第五章 金刚十二点穴手（十二势）

玉枕

身柱

灵台

命门

图5-2

一、叼截攻打（太阳穴）

【用法】

1. 敌方前滑步进身，右脚跨上一步，右掌插击我方面部。我方见敌势猛，后撤左脚之际，右脚经左脚前向左侧方绕步；同时，右掌反挂敌右前臂外侧，化解敌方攻势。（图5-3）

图5-3

2. 我方右脚上步于敌方右脚外侧，右手反压敌方右臂；同时，左手凤眼捶击打敌方右侧太阳穴。（图5-4）

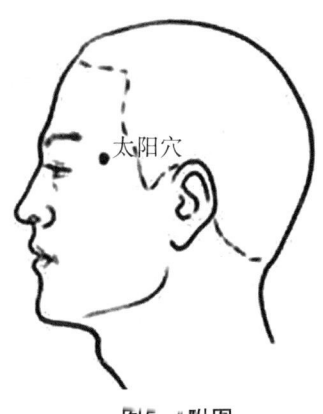

图5-4

图5-4附图

【穴位】

参见"第四章的十四、卧心撒膀"穴位介绍。

二、回身挑打（印堂穴）

【用法】

1. 我方前滑步进身，左脚铲击敌右脚踝关节；同时，左掌斜切敌方右小腿前胫。敌方收提右腿，避过我方切掌，欲顺势踹击我方头部。（图5-5）

图5-5

第五章　金刚十二点穴手（十二势）

2. 我方切掌落空，迅疾起身向前上右步，立身而起；同时，左掌弧形上挑，撩击敌方面部，迫使敌方退步仰面躲避。（图5-6）

图5-6

3. 动作不停，我方左掌向前按下之际，右手凤眼捶击点敌方印堂穴。（图5-7）

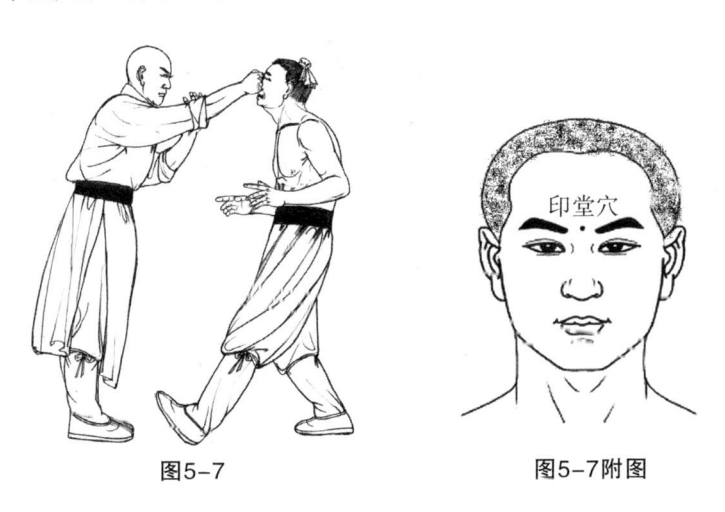

图5-7　　　　　图5-7附图

207

【穴位】

印堂穴，属督脉。位于人体的面部，两眉头连线中点。穴下有皮肤、皮下组织和降眉间肌。皮肤有额神经的滑车上神经分布；肌肉由面神经的颞支支配；血液供应来自滑车上动脉和眶上动脉的分支及伴行同名静脉。

三、缠手掐脖（天突穴）

【用法】

1. 我方前滑步进身，左掌插敌胸部。敌方抬起双掌拦格我方左前掌、臂外侧，阻截我方攻击。（图5-8）

图5-8

2. 随即，我方左掌反缠，格开敌方双掌，同时，右脚上步，右掌平直而出，戳击敌方天突穴。（图5-9）

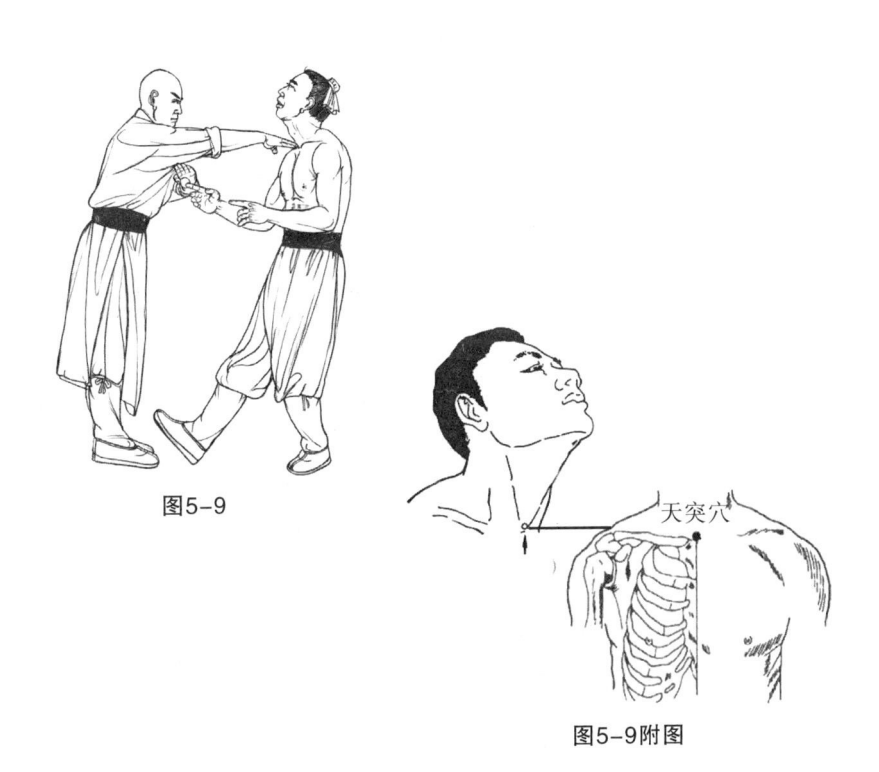

图5-9

图5-9附图

【穴位】

天突穴，为任脉，阴维、任脉交会穴。位于颈部，当前正中线上胸骨上窝中央。在左右胸锁乳突肌之间，深层左右为胸骨舌骨肌和胸骨甲状肌；皮下有颈静脉弓、甲状腺下动脉分支；深部为气管，再向下，在胸骨柄后方为无名静脉及主动脉弓；布有锁骨上神经前支。

四、闷心捶（膻中穴）

【用法】

1. 敌方左脚垫步进身，右腿扫踢我方左肋。我方将左腿屈膝提起，左掌下砍，迎击敌方扫踢而来的右脚踝关节内侧。（图5-10）

图5-10

2. 动作不停，我方左掌向外一拦，左脚向前落步；同时，右手凤眼捶直臂点击敌胸前膻中穴。（图5-11）

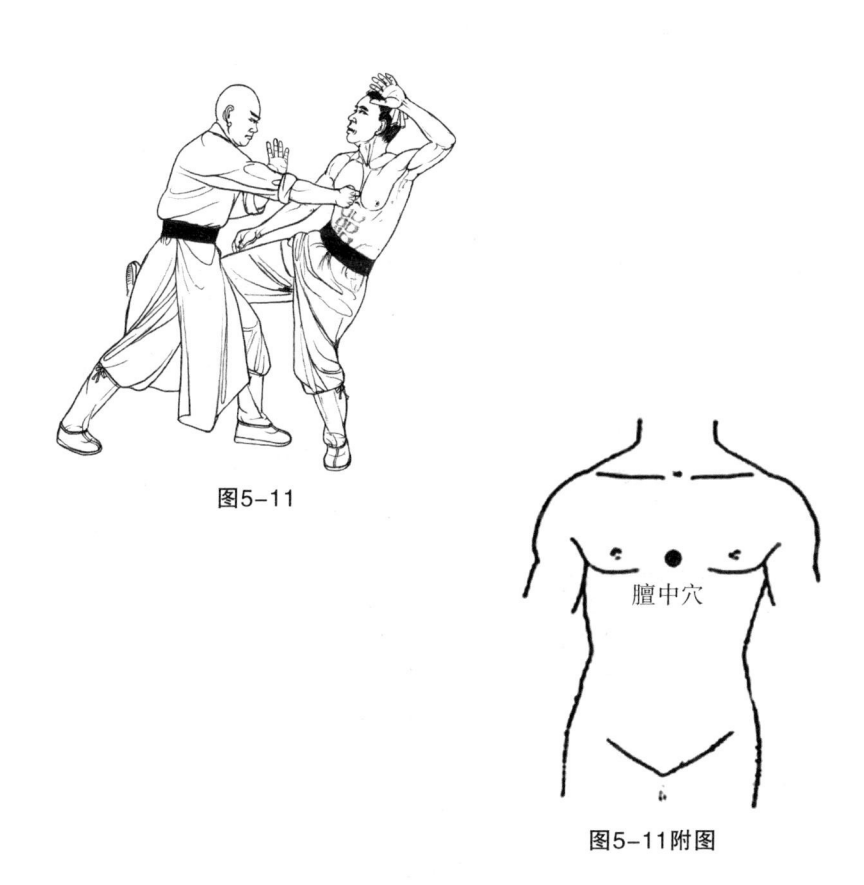

图5-11

图5-11附图

【穴位】

膻中穴，经属任脉，是足太阴、少阴，手太阳、少阳，任脉之会。气会膻中，心包募穴。在胸部前正中线上，平第4肋间，两乳头连线之中点。

五、怀揣日月（鸠尾穴）

【用法】

1. 我方右垫步进身，左腿提膝正蹬敌方腹部。敌方后滑步，左偏身避过我方攻击。（图5-12）

图5-12

第五章 金刚十二点穴手（十二势）

2. 随即，我方左脚顺势向前踏落，右脚跨进一步；同时，右勾拳击打敌方下颌左侧。敌方向后撤退右脚一步，右偏身，右臂内裹，格阻我方右腕内侧。（图5-13）

图5-13

3. 动作不停，我方右拳向上一提，左脚跨步踏进敌方洪门；同时，左手凤眼捶点击敌胸前鸠尾穴，以迅雷之势重创敌方。（图5-14）

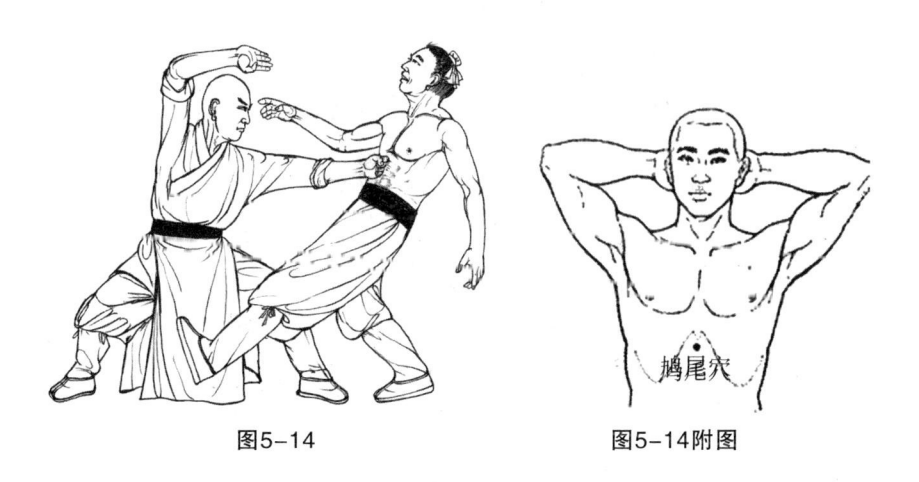

图5-14

鸠尾穴

图5-14附图

213

【穴位】

鸠尾穴，属任脉，系任脉之络穴。位于脐上7寸，剑突下半寸。击中后，冲击腹壁动、静脉及肝、胆，震动心脏，血滞而亡。

六、青龙探爪（气海穴）

【用法】

1. 敌方左脚前移步，右脚向前跨上一大步，右拳击打我方面部。我方迅疾后滑半步，左脚向后外侧摆退一步，右掌上提，用右前臂格击敌右前臂外侧，阻截敌拳攻击。（图5-15）

图5-15

2. 随即，我方右脚向敌方右脚内侧进步，左掌向前下插击敌小腹部气海穴。（图5-16）

图5-16

3. 动作不停，我方左脚上步，屈膝下蹲；同时，收左掌之际，右手凤眼捶再度点击敌方小腹气海穴。（图5-17）

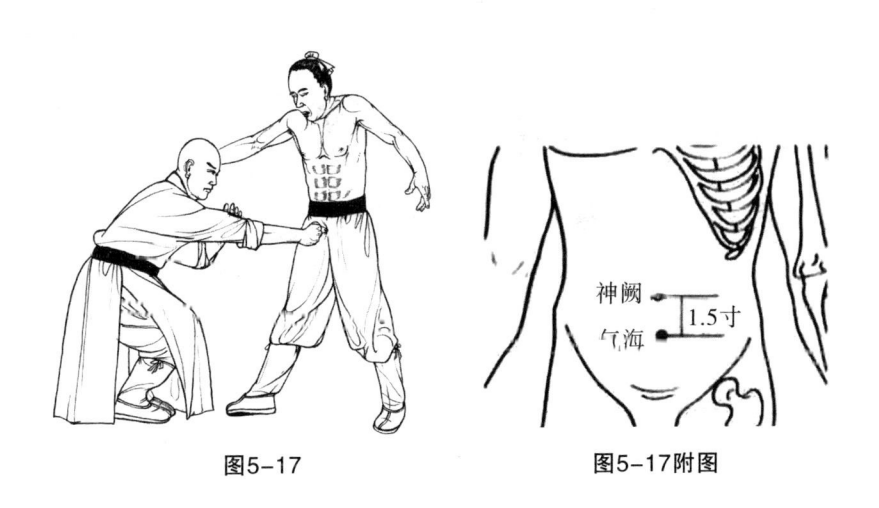

图5-17

图5-17附图

【穴位】

气海穴,属任脉。位于腹正中线脐下1.5寸,取穴时,可采用仰卧的姿势,直线连结肚脐与耻骨上方,将其分为十等分,距肚脐下方3/10的位置,即为此穴。在腹白线上,深部为小肠;有腹壁浅动脉、静脉分支,腹壁下动、静脉分支;布有第11肋间神经前皮支的内侧支。击中后,冲击腹壁、动静脉和肋间,破气血瘀,身体失灵。

七、金龙献爪(期门穴)

【用法】

1. 敌方左脚前移步,右脚向前跨上一大步,右拳击打我方胸部。我方后滑半步,左脚后撤一步;同时,右掌下按敌方右前臂上侧,掌根抖劲,震落敌方攻击拳。(图5-18)

图5-18

2．随即，我方左脚跨进一步，绊于敌方右腿后侧；同时，左手成爪按向敌方左肋，中指尖点按敌方左期门穴。（图5-19）

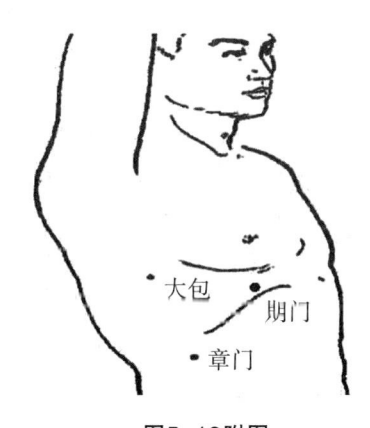

图5-19

图5-19附图

【穴位】

期门穴，属肝经，亦为肝经募穴。位于胸部，当乳头直下，第6肋间隙，前正中线旁开4寸。有腹直肌，肋间肌；有肋间动、静脉；布有第6、7肋间神经。

八、顺势捶（章门穴）

【用法】

1. 敌方左脚前移步，左旋身，右脚铲踹我方左小腿前胫。我方迅疾收左步沉身成左丁步；同时，左拳向下砸击敌方右脚踝关节。（图5-20）

图5-20

2. 动作不停，我方趁敌方右脚受伤之际，左脚前冲步，左拳顺势向前变剑指，戳击敌方右腹侧章门穴。（图5-21）

图5-21

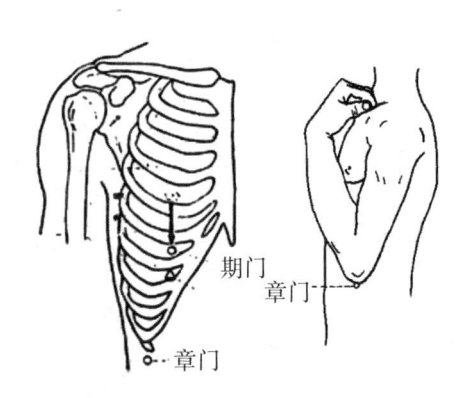

图5-21附图

【穴位】

章门穴，属于足厥阴肝经。在腋中线，第1浮肋前端，屈肘合腋时肘尖正对的地方就是。章门穴，别名长平、季肋。有腹内、外斜肌及腹横肌；有肋间动脉末支；布有第10、11肋间神经；右侧当肝脏下缘，左侧当脾脏下缘。

九、撞脚劈掌（玉枕穴）

【用法】

1. 我方右垫步进身，左脚蹬踢敌方胸部。敌方后滑步，上体左倾避过之际，提右脚欲作反击。（图5-22）

图5-22

第五章　金刚十二点穴手（十二势）

2. 随即，我方左脚向前劈落，右转身约180°；同时，右掌反臂劈击敌方后脑玉枕穴。（图5-23）.

【穴位】

玉枕穴，属于足太阳膀胱经，位于后发际正中直上2.5寸，旁开1.3寸，约平枕外粗隆上缘的凹陷处。有枕肌；有枕动、静脉；布有枕大神经分支。

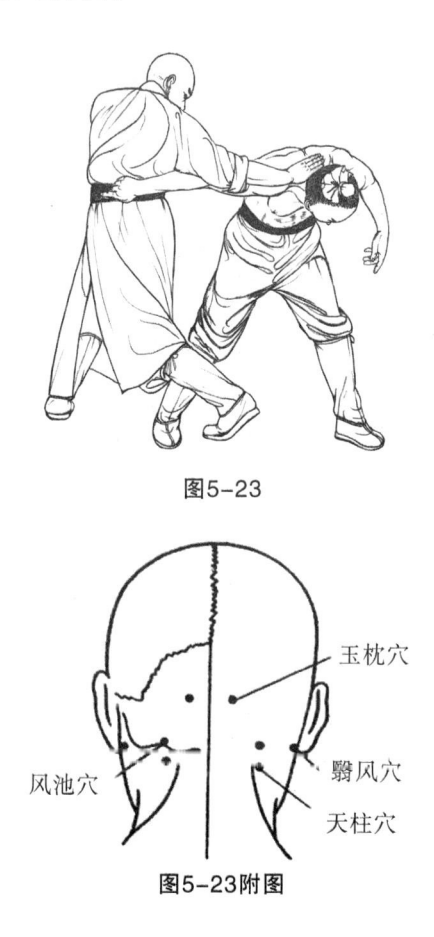

图5-23

图5-23附图

221

十、御步连环（身柱穴）

【用法】

1. 我方右脚上步进身，左脚迅疾向前擦地勾踢敌方右脚后跟。敌方收退提膝，避过我方左脚。（图5-24）

图5-24

2.随即,我方左脚落地,左旋体,右脚勾踢敌方左脚外侧踝关节。敌方右脚向后落步,提起左腿再次避过我方勾踢。(图5-25)

图5-25

3.动作不停,我方右脚顺势提膝向前蹬踢敌左胁。敌方招架不及而右转身闪避,背对我方。(图5-26)

图5-26

4. 我方右脚迅疾向前落步；同时，左手凤眼捶击打敌方后背身柱穴。（图5-27）

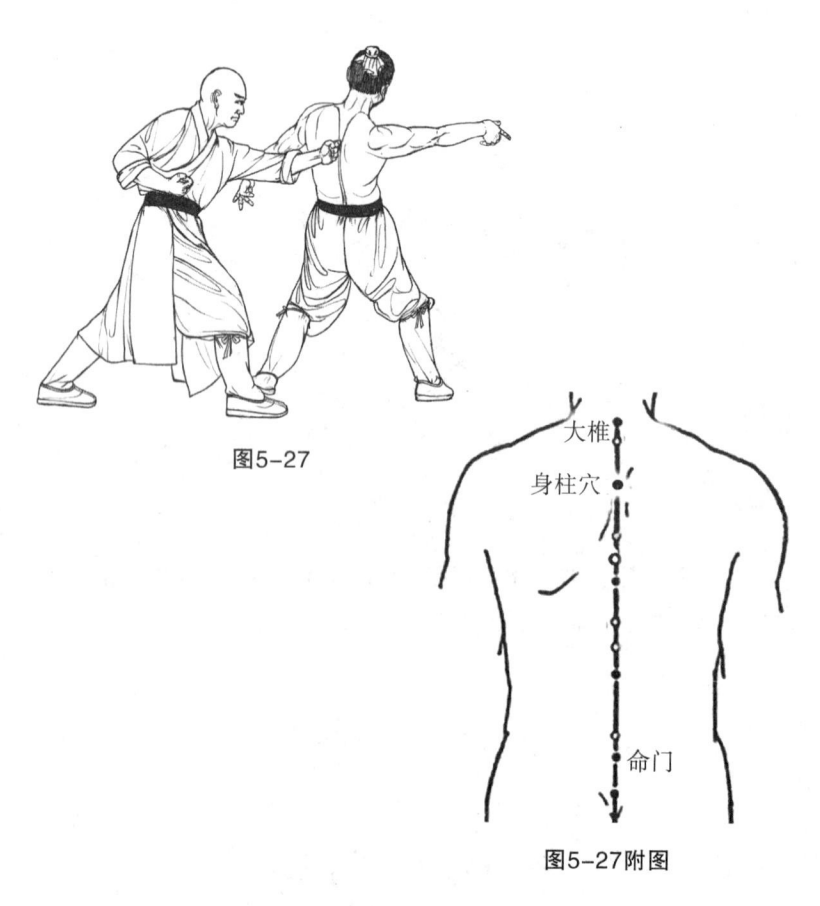

图5-27

图5-27附图

【穴位】

身柱穴，属督脉。位于背脊第3胸椎棘突下凹陷中。有腰背筋膜，棘上韧带及棘间韧带；有第3肋间后动、静脉背侧支及棘突间静脉丛；布有第3胸神经后支的内侧支。

十一、龙腾虎跃（灵台穴）

【用法】

1. 我方左脚前移步，右蹬腿踢击敌方胸部。敌方后滑步，仰身避过我方腿击。（图5-28）

图5-28

2. 随即，我方右脚向前落步，左脚弧形外摆腿，用左脚外侧挂击敌方后背，致敌向我方左侧倾扑。（图5-29）

图5-29

3. 动作不停，我方左脚随势向左旋落，右脚上一步，左转身，右手凤眼捶点击敌后背灵台穴。（图5-30）

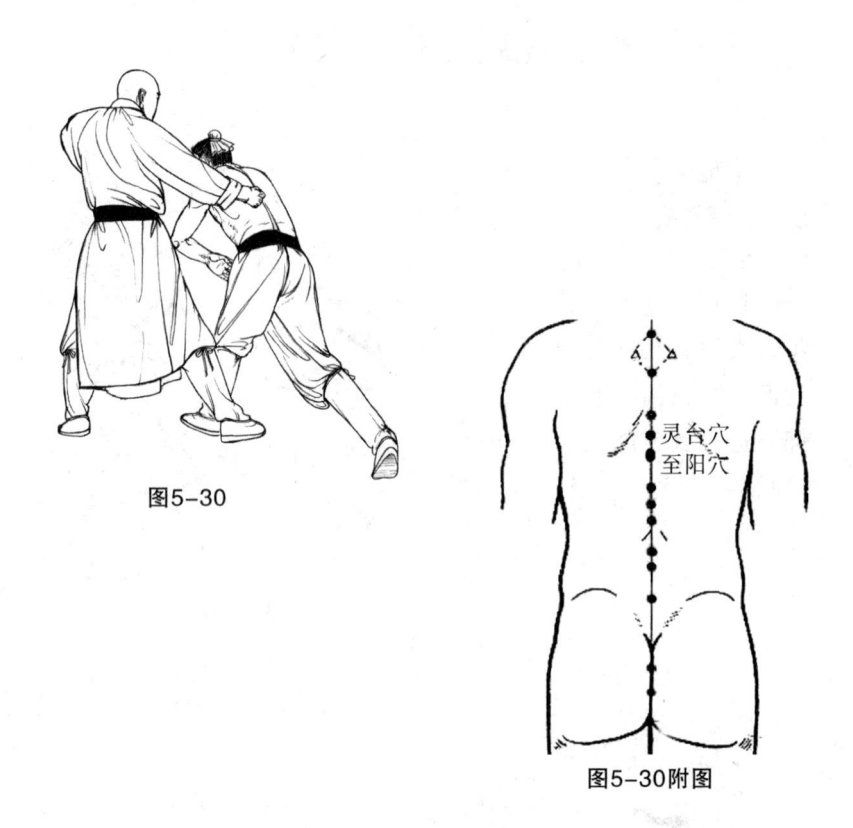

图5-30

图5-30附图

【穴位】

灵台穴，别名肺底，属督脉。在背部，当第6胸椎棘突下凹陷中。布有第6胸神经后支的内侧支和第6肋间动脉后支；肌肉有腰背筋膜，棘上韧带及棘间韧带；神经有第6肋间神经后支之内侧支行走。

十二、连环五掌（命门穴）

【用法】

1. 我方前滑步进身，左掌平插敌胸部。敌方吞胸吸腹，左脚后撤一步，右前臂内裹格阻我方左腕外侧。（图5-31）

图5-31

2．随即，我方右脚跨进一步，踏入敌方洪门，右掌插敌胸部。敌方后垫步，避过我方插掌之际，用右掌拍按我方右前臂上侧。（图5-32）

图5-32

3. 紧接着，我方左掌紧跟而出，插击敌方腹部右侧。敌方再退右步，右转身，左掌反格我方左腕外侧。（图5-33）

图5-33

4. 我方连续攻出三掌皆被敌方阻截，继续前滑步，右掌向下砍击敌方左小腿部足三里。敌方右转身，左脚随转身跨前一步，避过我方右掌。（图5-34）

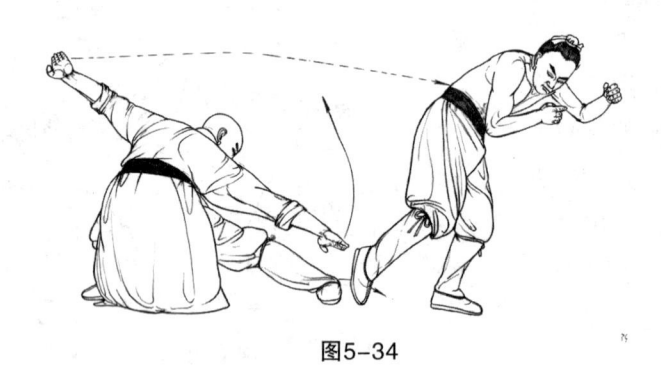

图5-34

5. 我方见其转身，迅疾起身，左手剑指插点敌腰命门穴。（图5-35）

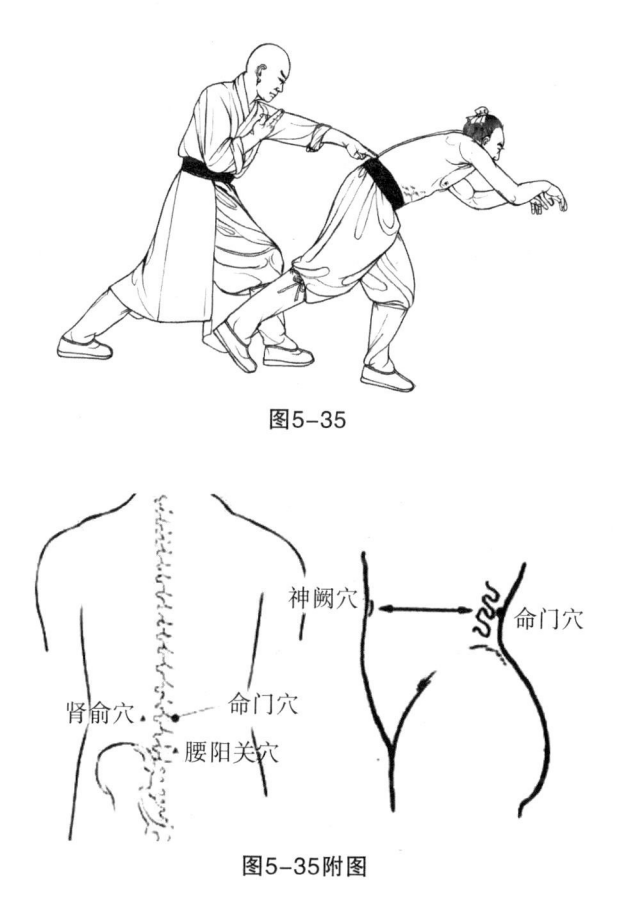

图5-35

图5-35附图

【穴位】

命门穴，属督脉。穴位于腰部，当后止中线上，第2腰椎棘突下凹陷中。在腰背筋膜、棘上韧带及棘间韧带中；有腰动脉后支及棘间皮下静脉丛；布有腰神经后支内侧支。

第六章

韦陀打穴十二手（十二势）

少林韦陀门，乃少林正宗。此门技法全面，其穴道点打术也独具特色。

这里挑选韦陀拳之打穴精要十二势，举例解析，供读者参研。

穴位图。（图6-1、图6-2）

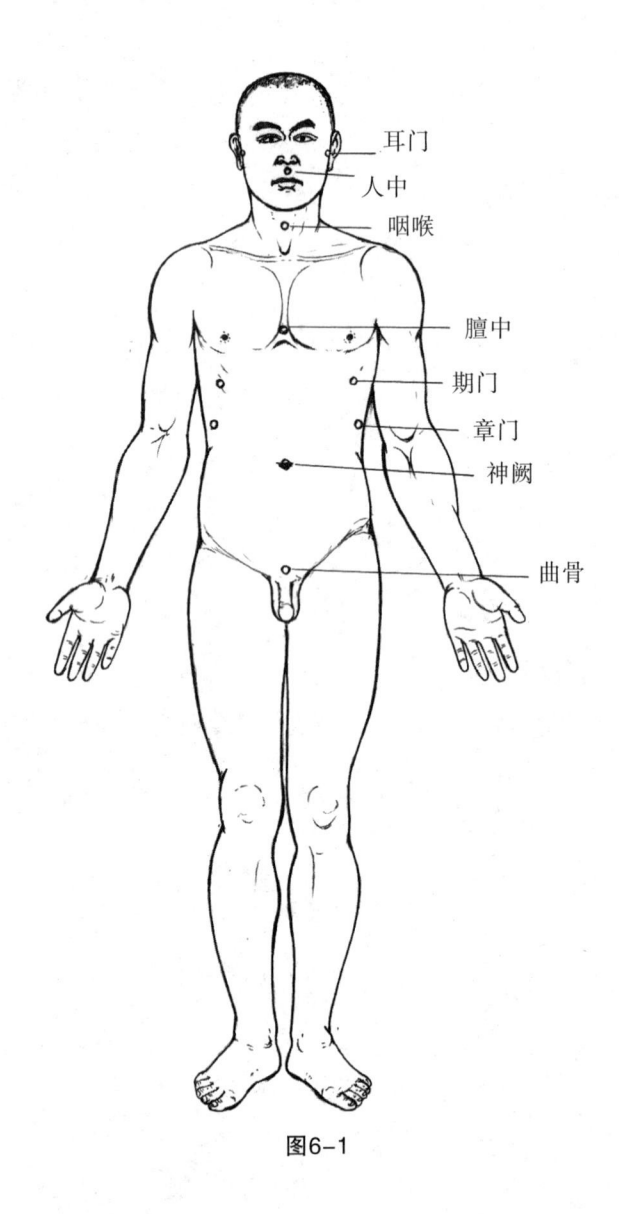

图6-1

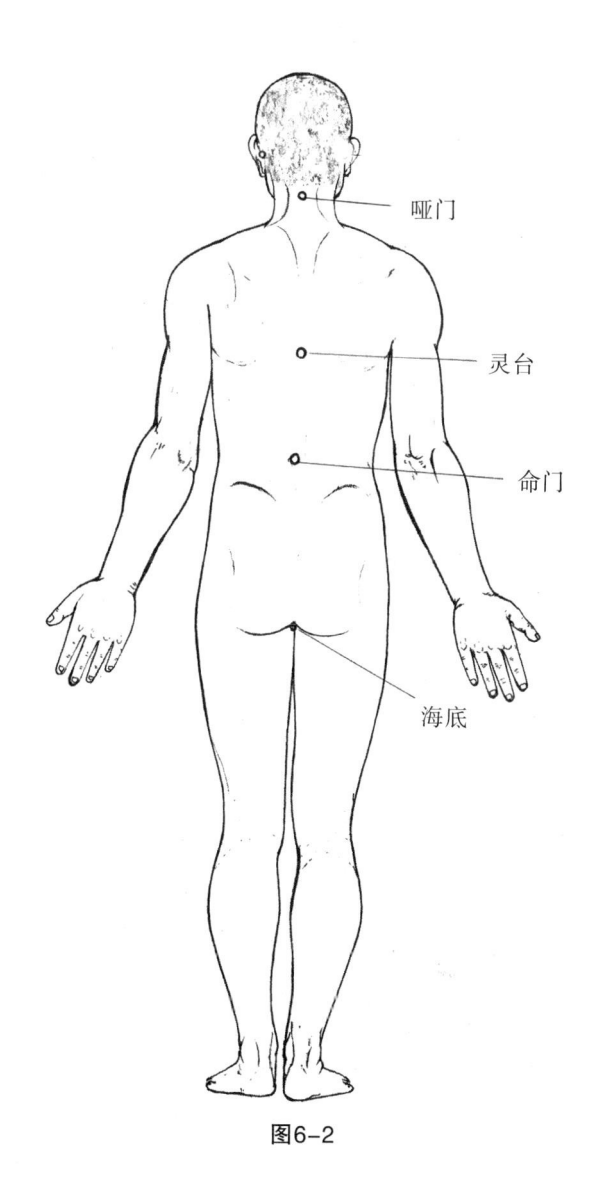

第六章 韦陀打穴十二手（十二势）

哑门

灵台

命门

海底

图6-2

一、韦陀横杵（耳门穴）

【用法】

1．敌方滑步进身，右拳击打我方面部。我方两脚向右侧稍移动；同时，左手从下向上、向外搂手，抓住敌方右腕。（图6-3）

图6-3

2．随即，敌方左拳横打我方右颈侧，我方身体急速向右转动，双臂竖肘向右侧滚动格挡。（图6-4）

图6-4

3. 动作不停，我方顺势以右拳变掌，抓握敌方右腕向右侧牵带，左肘横撞敌方左锁骨部位。（图6-5）

图6-5

4. 随之左翻臂，左手凤眼捶击点敌方左侧耳门穴。（图6-6）

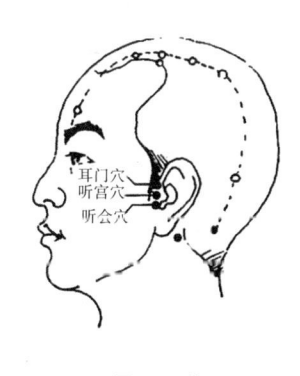

图6-6　　　　图6-6附图

【穴位】

耳门穴，属手少阳三焦经。在面部，当耳屏上切迹的前方，下颌骨髁突后缘，张口有凹陷处。布有颞浅动、静脉耳前支；有耳颞神经，面神经分支。被点中后，耳鸣、头晕倒地。

二、韦陀降魔（人中穴）

【用法】

1. 敌方前滑步进身，右拳击打我方面部。我方迅疾向后、向右侧滑步，左掌抓搂敌方右手腕，用力向下牵带。（图6-7）

图6-7

第六章　韦陀打穴十二手（十二势）

2. 随即，我方顺势重心前移至左脚，用右脚踢击敌方裆部。（图6-8）

图6-8

3. 动作不停，我方右脚向前落步；同时，右手凤眼捶击打敌面人中穴。（图6-9）

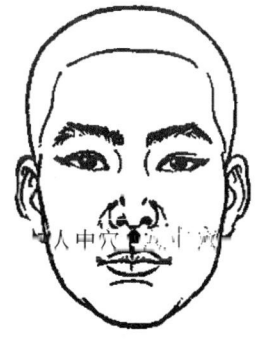

图6-9　　　　　　　　图6-9附图

237

【穴位】

　　人中穴，属督脉，为手、足阳明，督脉之会。位于上嘴唇沟的上1/3与下2/3交界处。在口轮匝肌中；有上唇动、静脉；布有眶下神经支及面神经颊支。被点中后头晕眼昏。

三、韦陀敬酒（咽喉穴）

【用法】

　　1. 敌方左脚前移步，右脚向前跨上一大步，左拳击打我方面部。我方迅疾后滑步；同时，左手搂抓敌方左手腕向内扭拧回带。（图6-10）

图6-10

2. 随即，我方右脚上步于敌方洪门，右手成拳，用拳背猛砸敌方左臂弯。（图6-11）

图6-11

3. 动作不停，我方右手变剑指，向上穿戳敌方咽喉穴。（图6-12）

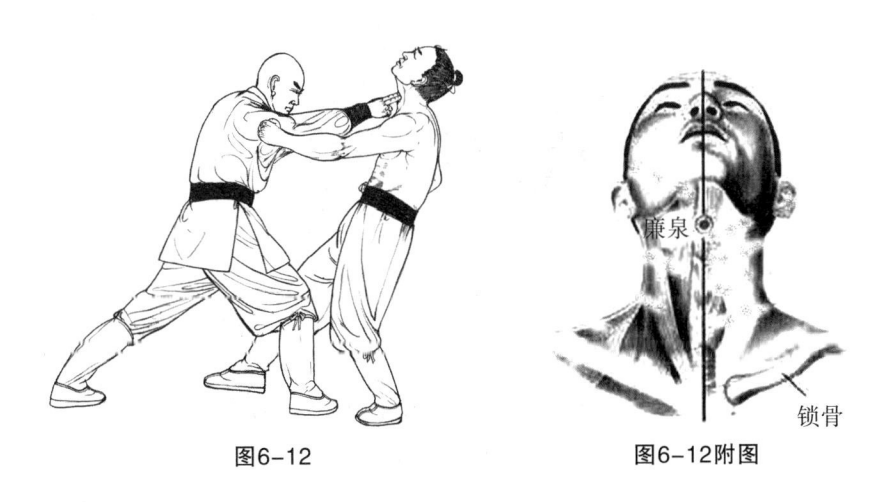

图6-12

图6-12附图

【穴位】

咽喉穴，即喉结之上的廉泉穴也，是任脉、阴维脉交会穴。位于人体的颈部，当前正中线上，结喉上方，舌骨上缘凹陷、颈部正中线与喉结正上方横皱纹交叉处。在甲状软骨和舌骨之间，深部为会厌，下方为喉门，有甲状舌骨肌、舌肌；有颈前浅静脉，甲状腺上动、静脉；布有颈皮神经，深层有舌下神经分支。

四、挥杵敲门（膻中穴）

【用法】

1. 敌方滑步进身，右拳击打我方咽喉。我方迅疾右偏身，左手托肘向上，从下经前向上、向内托敌方右上臂下侧。（图6-13）

图6-13

第六章　韦陀打穴十二手（十二势）

2. 随即，我方顺势左手向右侧牵带；同时，右手凤眼捶点击敌方膻中穴。（图6-14）

图6-14

3. 动作不停，左手凤眼捶向前下划，再度击打敌胸前膻中穴。（图6-15）

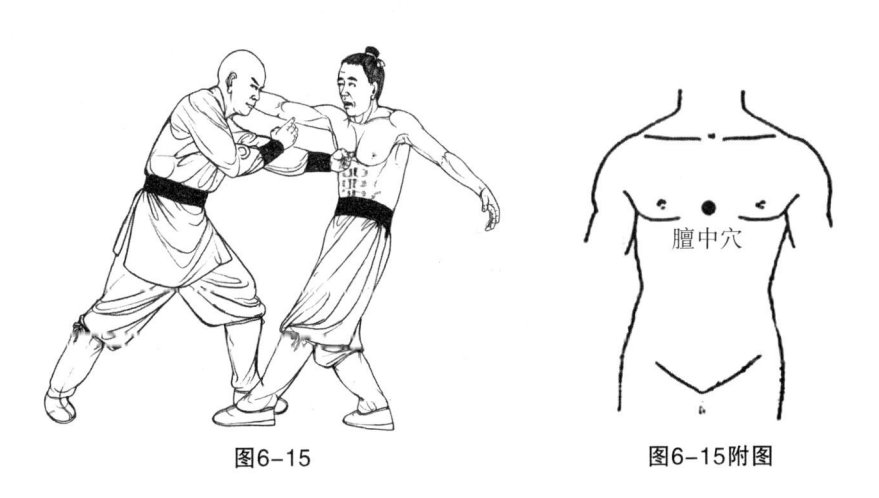

图6-15

图6-15附图

241

【穴位】

膻中穴，属任脉，是足太阴、少阴、手太阳、少阳、任脉之会。气会膻中，心包募穴。在胸部前正中线上，平第4肋间，两乳头连线之中点。

五、挥杵引渡（神阙穴）

【用法】

1. 敌方滑步进身，挥左拳横贯我方头部。我方迅疾向后略滑步，右拳从下向上、向外格挡敌前臂。（图6-16）

图6-16

第六章 韦陀打穴十二手（十二势）

2. 随即，敌方顺势右拳横击我方头部。我方迅疾将左脚向左后斜侧方闪步，沉身低头偏闪躲开敌拳。（图6-17）

图6-17

3. 动作不停，我方趁敌摆拳前倾身之际，右手凤眼捶击打敌方神阙穴。（图6-18）

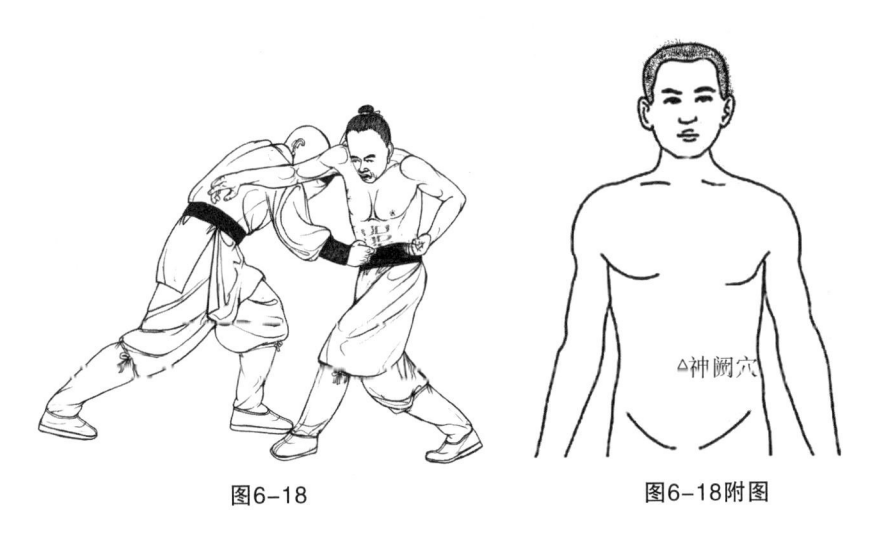

图6-18　　　　　　图6-18附图

243

【穴位】

神阙穴，即肚脐，又名脐中，是人体任脉上的要穴。它位于命门穴平行对应的肚脐中。击中后，冲击肋间神经，震动肠管、膀胱，伤气，身体失灵。

六、叶中藏花（曲骨穴）

【用法】

1. 敌方右脚上步进身，左脚横跨一步之际，右拳插击我方腹部。我方迅疾缩身下沉，成左虚步；同时，右手、左手依次从下向上、向前下方按压敌方右手臂。（图6-19）

图6-19

第六章　韦陀打穴十二手（十二势）

2. 随即，我方顺势左手下砸敌方前臂，向内牵带；同时，右手凤眼捶从下向前上方猛击敌方眉心部。（图6-20）

3. 动作不停，我方右腿弹出，以脚尖为力点，踢击敌方裆前曲骨穴。（图6-21）

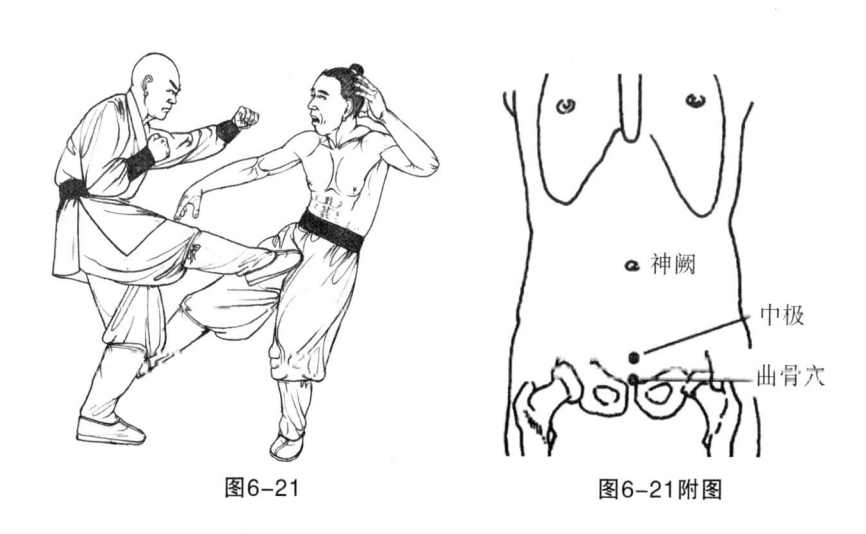

图6-20

图6-21

图6-21附图

245

【穴位】

曲骨穴，属任脉，系足厥阴肝经与任脉之会。位于腹下部耻骨联合上缘上方凹陷处。穴下为皮肤、皮下组织、腹白线、腹横筋膜、腹膜外脂肪、壁腹膜。浅层主要布有髂腹下神经前皮支和腹壁浅静脉的属支；深层主要有髂腹下神经的分支。击中后，伤周天气机，气滞血瘀。

七、白蛇吐信（期门穴）

【用法】

1. 我方前滑步进身，右掌戳击敌方面部。敌方退左步，仰身避过，并用左掌拍击我方右腕外侧，化解我方攻击。（图6-22）

图6-22

2. 随即，我方右腿屈膝下跪，沉身成歇步；同时，右掌内旋成剑指，由下向上戳击敌心口。敌方退闪不及，只好仰面躲避。（图6-23）

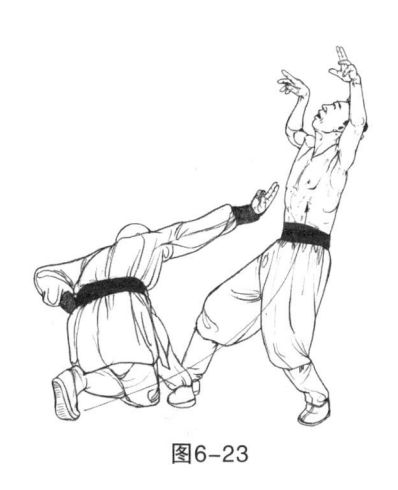

图6-23

3. 动作不停，我方迅疾起身，踢出右脚，用脚尖踢击敌方左侧期门穴。（图6-24）

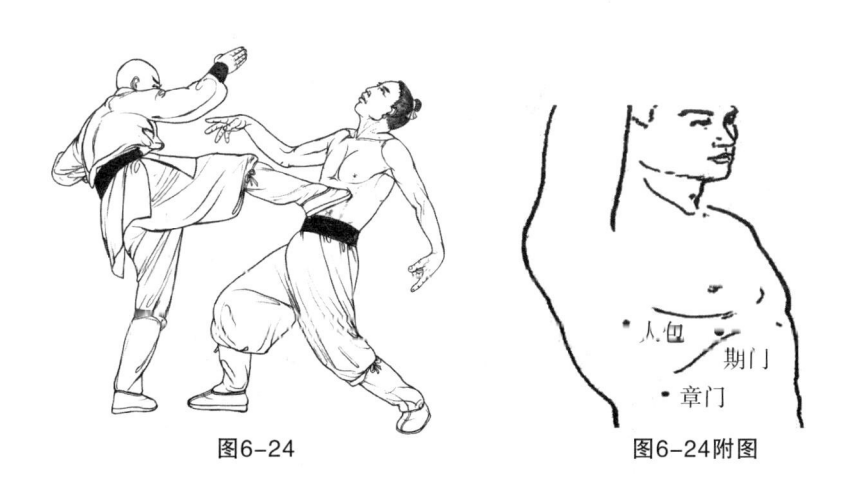

图6-24

图6-24附图

【穴位】

期门穴，属肝经，亦为肝经募穴。位于胸部，当乳头直下，第6肋间隙，前正中线旁开4寸。有腹直肌、肋间肌；有肋间动、静脉；布有第6、7肋间神经。

八、韦陀取宝（章门穴）

【用法】

1. 敌方滑步进身，左掌劈击打我方头部。我方迅疾上抬右手向上架其腕部。（图6-25）

图6-25

2. 随即，我方顺势右掌抓住敌腕，左手变爪从下向上再向前拿起敌方左上臂。（图6-26）

图6-26

3. 动作不停，我方左掌下切敌臂；同时，右手剑指戳击敌左侧章门穴。（图6-27）

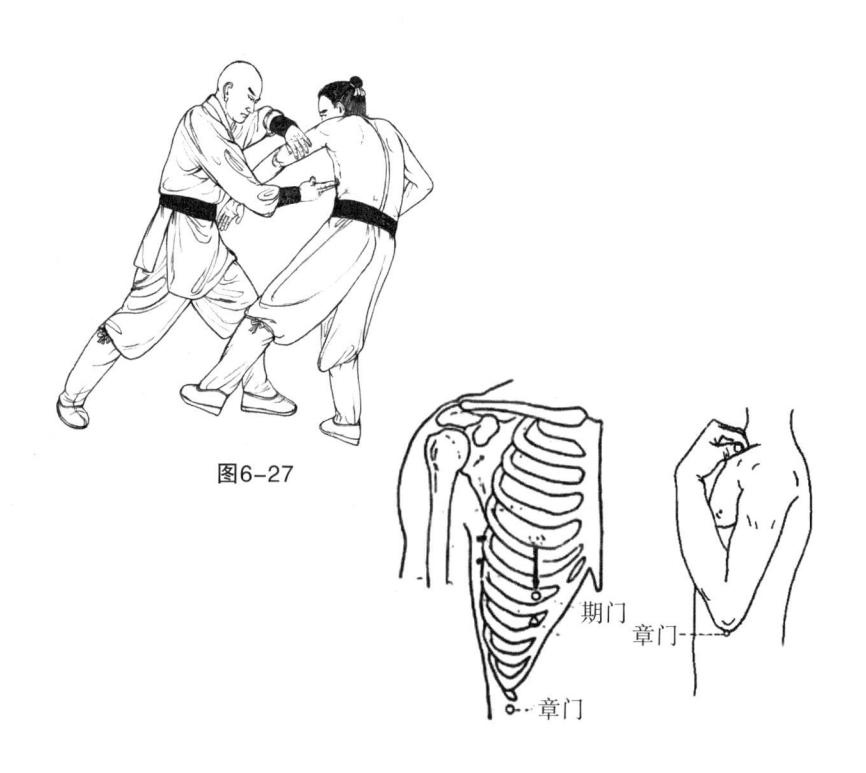

图6-27

图6-27附图

【穴位】

章门穴，属于足厥阴肝经。在腋中线，第1浮肋前端，屈肘合腋时肘尖正对的地方就是。章门穴，别名长平、李肋。有腹内、外斜肌及腹横肌；有肋间动脉末支；布有第10、11肋间神经；右侧当肝脏下缘，左侧当脾脏下缘。

九、韦陀挥杵（哑门穴）

【用法】

1. 敌方滑步进身，右拳勾击打我方腹部。我方迅疾向后滑步，吞胸吸腹，避过敌拳。（图6-28）

图6-28

2. 随即，我方身体稍右转，两手顺势抓住敌方右臂，向我右侧突然用力猛拉。（图6-29）

图6-29

3. 动作不停,我方两手抖劲发力,拽住敌臂向下一抖劲,使敌前扑俯身之际,左脚迅疾后撤一小步,右脚上进一步,松右手成剑指,插击敌方脑后哑门穴。(图6-30)

图6-30

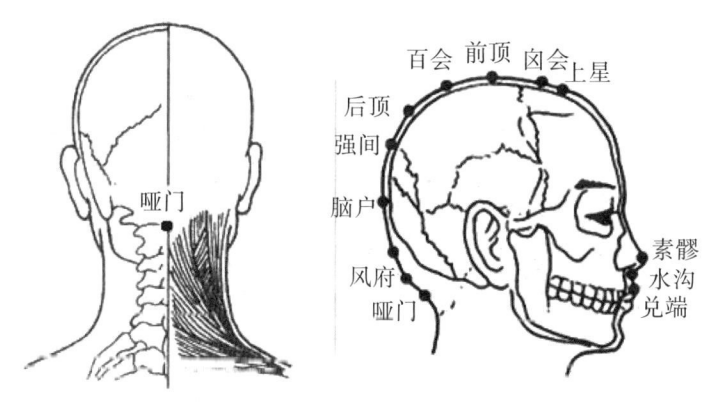

图6-30附图

【穴位】

哑门穴，属督脉，系督脉与阳维脉之会穴。位于项部，当后发际正中直上0.5寸，第1颈椎下。在项韧带和项肌中，深部为弓间韧带和脊髓；有枕动、静脉分支及棘间静脉丛；布有第3颈神经和枕大神经支。被点中后，冲击延髓中枢，失哑、头晕、倒地不省人事。

十、巧看卧云（灵台穴）

【用法】

1. 敌方右脚前移步，左脚蹬击我方敌腹部。我方迅疾将左脚后撤一大步，右腿屈膝提起，右拳下砸敌方左小腿前胫，将敌攻势化解。（图6-31）

图6-31

2. 随即，敌方顺势左脚落地，左拳击打我方面部。我方右脚落地，左脚垫退一步，仰身之际，左手向前上推敌方左前臂外侧。（图6-32）

图6-32

3. 动作不停，我方左脚插步，接近敌方身后，右手凤眼捶横击敌方后背灵台穴。（图6-33）

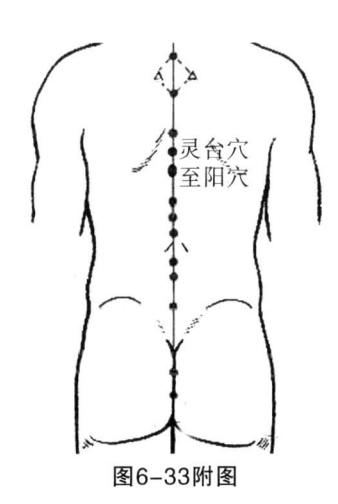

图6-33　　　　图6-33附图

【穴位】

灵台穴，别名肺底。属督脉。在背部，当第6胸椎棘突下凹陷中。肌肉有腰背筋膜，棘上韧带及棘间韧带；血管为第6肋间动脉背侧支，棘间皮下静脉丛分布处；神经有第6肋间神经后支之内侧支行走。

十一、败中取胜（命门穴）

【用法】

1. 敌方右脚上步之际，左腿踹踢我方头部。我方左脚迅疾后撤一大步，随之收右脚沉身成右丁步，避过敌方腿击。（图6-34）

图6-34

第六章 韦陀打穴十二手（十二势）

2．随即，敌方在腿击落空之际，顺势向右落步，欲起右脚攻击。我方趁势踹出右脚，踢击敌方后背，使其右倾前扑。（图6-35）

图6-35

3．动作不停，我方右脚向前落步，右手凤眼捶击打敌腰命门穴。（图6-36）

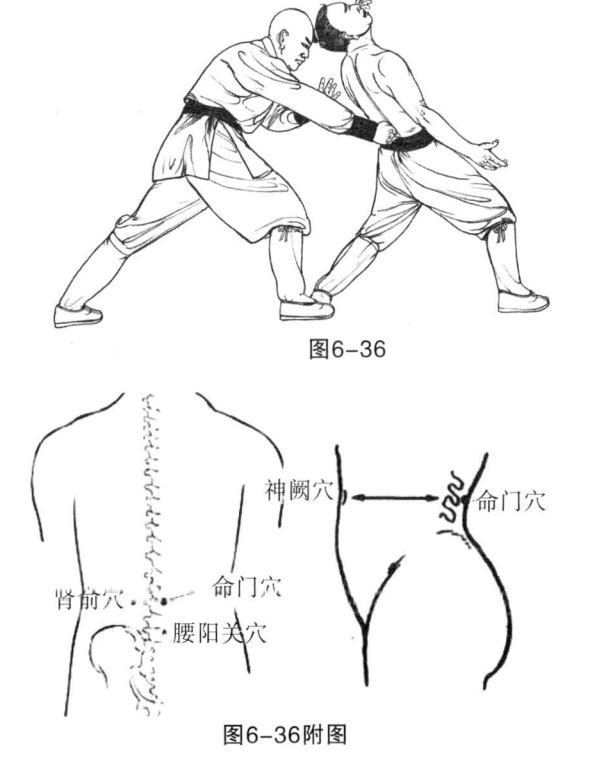

图6-36

肾前穴　命门穴　腰阳关穴　　神阙穴　命门穴

图6-36附图

255

【穴位】

命门穴，属督脉，位于腰部，当后正中线上，第2腰椎棘突下凹陷中。在腰背筋膜、棘上韧带及棘间韧带中；有腰动脉后支及棘间皮下静脉丛；布有腰神经后支内侧支。

十二、封裆捶（海底穴）

【用法】

1. 敌方滑步进身，右拳插击我方腹部。我方迅疾将左脚向后撤一大步，右掌向下外搂推敌方右腕外侧，阻截敌拳攻击。（图6-37）

图6-37

第六章 韦陀打穴十二手（十二势）

2.随即，敌方踢出右腿，横踢我方头部。我方右脚迅疾退步，左手上抄，用臂弯兜挎住敌右小腿；同时，左脚上一步，将敌右腿控住。（图6-38）

图6-38

3.动作不停，我方右手剑指从下向上穿插敌裆下海底穴。（图6-39）

图6-39

图6-39附图

会阴穴
（海底）
肛门

257

【穴位】

海底穴，即会阴穴，是人体任脉上的要穴。它位于人体肛门和生殖器的中间凹陷处。会阴穴与人体头顶的百会穴为一直线，是人体精气神的通道。百会为阳接天气，会阴为阴收地气，两者互相依存，相似相应，统摄着真气在任督二脉上的正常运行，维持体内阴阳气血的平衡，它是人体生命活动的要害部位。